新时代

永葆党的纯洁性研究

颜玫琳 ★ 著

XIN SHIDAI

YONGBAO DANG DE CHUNJIE XING

YANJIU

济南出版社

图书在版编目(CIP)数据

新时代永葆党的纯洁性研究 / 颜玫琳著 . — 济南：
济南出版社，2023.9
ISBN 978-7-5488-5899-7

Ⅰ.①新… Ⅱ.①颜… Ⅲ.①中国共产党－党的建设－
研究 Ⅳ.① D26

中国国家版本馆 CIP 数据核字 (2023) 第 182190 号

新时代永葆党的纯洁性研究

XIN SHIDAI YONGBAO DANG DE CHUNJIE XING YANJIU

颜玫琳　著

出 版 人　谢金岭
责任编辑　弭玲玲　杨晓彤
封面设计　王　焱

出版发行　济南出版社
地　　址　山东省济南市二环南路 1 号（250002）
总 编 室　0531-86131715
印　　刷　潍坊明佳印刷有限公司
版　　次　2023 年 9 月第 1 版
印　　次　2023 年 12 月第 1 次印刷
开　　本　170 mm × 240 mm　16 开
印　　张　13
字　　数　220 千字
书　　号　ISBN 978-7-5488-5899-7
定　　价　39.00 元

如有印装质量问题，请与出版社出版部联系调换
电话：0531-86131736

序　言

治国必先治党，党兴才能国强。党的十八大以来，从"打铁还需自身硬"到"打铁必须自身硬"，从"全面从严治党"到"全面从严治党永远在路上，党的自我革命永远在路上"，中国共产党始终站在强党兴党、治国安邦的角度看待和解决党的纯洁性问题，再三强调要"及时消除一切影响党的先进性纯洁性的因素，清除一切侵蚀党的肌体健康的病毒，确保党永远不变质、不变色、不变味"。确保党永远不变质、不变色、不变味，就是新时代永葆党的纯洁性。

一、新时代永葆党的纯洁性的生成逻辑

一是来源于对马克思主义政党纯洁性思想的继承与发展。马克思主义政党诞生时，马克思恩格斯就非常重视党的纯洁性建设。《共产主义者同盟章程》《国际工人协会共同章程》多次提出保持政党纯洁的相关要求。1860 年 2 月，马克思在致斐·弗莱里格拉特的信中也曾自豪地说："我们的党在这个 19 世纪由于它的纯洁无瑕而出类拔萃。"十月革命后，列宁加强了党组织纯洁性的建设，他说："徒有其名的党员，就是白给，我们也不要。"1945 年，针对国内革命形势的变化，毛泽东强调，如果我们要取得全国胜利，"就要有一个有纪律的、思想上纯洁的、组织上纯洁的党，合乎统一的标准的党"。胡锦涛在党的十七届中央纪委七次全会上发表的重要讲话中，专题讨论了保持党的纯洁性，指出"经受考验、化解危险，最根本的是要加强党的自身建设，始终保持党的先进性和纯洁

性"。马克思主义者对保持政党纯洁性的一致重视及相关论述,成为习近平保持党的纯洁性重要思想形成的深厚理论基础,为新时代保持党的纯洁性提供了理论借鉴。

二是来源于对中国共产党保持党的纯洁性的经验总结。在中国革命、建设、改革的各个历史时期,我们党始终重视党的纯洁性,始终把保持党的纯洁性作为党的建设的根本问题和重要目标。在新民主主义革命时期,我们党坚持把马克思主义建党理论同党的自身建设实践相结合,提出建设"一个有纪律的、思想上纯洁的、组织上纯洁的党,合乎统一的标准的党"。在社会主义革命和建设时期,我们党通过坚持"两个务必"保持优良作风、开展"三反"运动坚决惩治腐败、开展整党整风运动整顿党的基层组织,有效增强了党的纯洁性。在改革开放和社会主义现代化建设新时期,我们党始终强调治国必先治党,治党务必从严,始终保持党的思想纯洁、组织纯洁、作风纯洁。中国特色社会主义进入新时代以来,以习近平同志为核心的党中央站在马克思主义政党本质属性的高度,提出纯洁性建设是党的建设主线内容,着力解决党的政治不纯、思想不纯、组织不纯、作风不纯等突出问题,不断增强自我净化、自我完善、自我革新、自我提高能力,始终保持党的思想纯洁、组织纯洁、作风纯洁、肌体纯洁。党保持纯洁性的百年历程,充分体现了我们党对这一问题的认识和发展过程,体现了新时代中国共产党人对党的发展规律、建设规律、执政规律的探索和认识所达到的新境界。

三是来源于中国共产党实现长期执政的内在要求。如何实现长期执政,是中国共产党面临的重大现实课题。经过百年探索,我们党认识到,越是长期执政,越不能丧失自我革命精神,越是要保持党的纯洁性。但我们也要清醒地认识到,党面临的执政环境是复杂的,影响党的先进性、弱化党的纯洁性的因素也是复杂的,党内存在的政治不纯、思想不纯、组织不纯、作风不纯等突出问题尚未得到根本解决,"四风"问题、腐败问题等严重影响党的纯洁品质的现象仍未杜绝,一些过去已经解决的问题若坚持不好还存在很大的反弹可能,党的纯洁性建设一刻也不能松懈。面对新情况、新问题、新挑战,习近平强调必须勇于自我革命,坚持同一切弱化党的先进性、损害党的纯洁性的问题作斗争,祛病疗伤,激浊扬清,以党的纯洁性建设推动党的自我革命向前发展。

二、新时代永葆党的纯洁性的主要内容

党的十八大以来,习近平在多个场合阐发了关于党的纯洁性建设的重要论述。习近平提出,思想纯洁、政治纯洁、组织纯洁和作风纯洁是党的纯洁性的主要内容,要不断纯洁党的思想、纯洁党的组织、纯洁党的作风、纯洁党的肌体,各级党组织、广大党员和领导干部严格按照马克思主义政党建设要求,始终坚持党的性质、践行党的宗旨、明确党的任务,永葆马克思主义政党的政治本色,做到马克思主义理论指导地位不削弱,党的理想信念不动摇,党的优良作风能传承,党内政治生态始终健康,党的生命力、创造力、凝聚力和战斗力始终逐步提升。

一是纯洁性具体表现为党在思想、政治、组织、作风上的纯洁。思想纯洁是保证党的正确政治方向和党的团结统一的基础,是马克思主义政党保持纯洁性的根本所在;政治纯洁是政治立场、政治方向、政治行动上的坚定正确,要求各级党组织和广大党员、领导干部必须坚决执行党的纲领、章程和路线方针政策,坚决抵制和反对一切违背党的基本路线的错误政治倾向;组织纯洁是保持全党步调一致和增强党的创造力、凝聚力、战斗力的组织保证,是维护团结统一的必然要求;作风纯洁是保持党同人民群众血肉联系和不断从人民群众实践中吸取经验、智慧和力量的固本之道,是衡量党的纯洁品质的外在标尺。思想纯洁、政治纯洁、组织纯洁、作风纯洁是党的纯洁性在不同层面、不同领域的不同表现,它们互为条件、相互促进,共同构成党的纯洁性建设的内容体系。

二是不断纯洁党的思想、纯洁党的组织、纯洁党的作风、纯洁党的肌体是保持党的纯洁性的具体要求。党的十八大以来,习近平多次强调了党内存在的"四个不纯"突出问题,而解决问题的核心是不断纯洁党的思想、纯洁党的组织、纯洁党的作风、纯洁党的肌体。纯洁党的思想是用党的创新理论武装全党,引导广大党员干部树立坚定的信仰、科学的价值观,勇于与违背马克思主义的言

行作斗争。纯洁党的组织要求严密组织体系,贯彻落实组织原则和组织纪律,坚决反对一切危害和分裂党的行为,自觉维护党的团结统一。纯洁党的作风要求全党坚持发扬党的理论联系实际、密切联系群众、批评和自我批评等优良作风,坚决反对主观主义、享乐主义、官僚主义、形式主义等不正之风。纯洁党的肌体就要着力清除一切侵蚀党的健康肌体的病毒,构建不敢腐、不能腐、不想腐的体制机制,永葆党清正廉洁的政治本色。

三、新时代永葆党的纯洁性的创新贡献

党的十八大以来,习近平站在新时代党的建设新的伟大工程的高度,深入思考了"什么是永葆党的纯洁性,怎样永葆党的纯洁性"的理论问题,提出了许多新观点新论断新要求,彰显了新时代永葆党的纯洁性的创新价值。

一是新定位,纯洁性是马克思主义政党的本质属性。习近平在庆祝中国共产党成立 95 周年大会的讲话中指出,"先进性和纯洁性是马克思主义政党的本质属性",将保持党的纯洁性工作的地位从"马克思主义政党的本质要求"上升到"本质属性"。"本质要求"体现的是从目的出发倒推而来的前提条件,是我们党保持本色、掌握政权的必然需要;"本质属性"则体现了马克思主义政党与生俱来的、区别于其他政党的天然特质,是马克思主义政党的内在特点。这一突出变化,说明我们党对纯洁性的认识已经从目的化导向转入对马克思主义政党本质规律的探索。

二是新功能,纯洁性建设是党的建设主线内容。主线是党的建设的灵魂和方向,是党的建设总体布局的重要连接点。自创立之日起,我们党就高度重视探索党的建设规律,但明确把党的执政能力建设和先进性建设作为党的建设主线是在党的十七大上。随着"党的建设主线"命题的提出,围绕主线问题的探索也不断深入。党的十八大提出,要牢牢把握加强党的执政能力建设、先进性和纯洁性建设这条主线,将主线问题从党的执政能力建设、党的先进性建设"双主体"拓展到执政能力建设、先进性建设、纯洁性建设"三主体"。党的十九大结合世情国情党情变化,对主线问题进行再论述,明确了"以加强党的长期执政能力

建设、先进性和纯洁性建设为主线"的新时代党的建设总要求,确定了管党治党的重要方向。

三是新内涵,始终保持党在思想、政治、组织、作风上的纯洁。进入中国特色社会主义新时代,以习近平同志为核心的党中央站在实现中华民族伟大复兴的历史高度,持续推进党的建设伟大工程,不断深化对党的纯洁性建设的认识和思考。2019年,习近平在"不忘初心、牢记使命"主题教育工作会议上的讲话中指出,"我们党面临的'四大考验'是长期的、复杂的,面临的'四种危险'是尖锐的、严峻的,党内存在的思想不纯、政治不纯、组织不纯、作风不纯等突出问题尚未得到根本解决"。在实践中,保持党的纯洁性就是要同一切影响党的先进性、弱化党的纯洁性的问题作坚决斗争,就是要同党内目前存在的思想不纯、政治不纯、组织不纯、作风不纯等问题作坚决斗争,使党始终保持在思想上、政治上、组织上、作风上的纯洁。由此以来,党的纯洁性建设思想的内容就由过去的思想、组织、作风三大纯洁拓展为思想、政治、组织、作风各个方面的内容,体现了习近平党建思想的理论创新。

四是新重点,突出政治纯洁在党的纯洁性建设中的首要地位。突出政治纯洁的地位和作用是习近平关于党的纯洁性建设重要论述的一个非常大的亮点。他提出,"党的政治建设是党的根本性建设",并在党的十九大报告中旗帜鲜明地提出了要把党的政治建设摆在首位,要求坚持以党的政治建设为统领,围绕坚持政治方向、政治路线、政治原则进行党的自身建设,确保党的先进性、纯洁性。

五是关键力量,保持党的纯洁性关键在领导干部。保持党的纯洁性,关键在党的领导干部。习近平强调,"党的领导干部既是纯洁性建设的组织者和领导者,又是保持党的纯洁性的执行者和实践者"。党的十八大以来,围绕如何保持领导干部的纯洁性,习近平先后提出"五个必须""五个过硬""过五关""六个做到"等具体要求,在实践中相继开展了党的群众路线教育实践活动、"三严三实"专题教育、"两学一做"学习教育、"不忘初心、牢记使命"主题教育、党史学习教育以及学习贯彻习近平新时代中国特色社会主义思想主题教育六次集中性学习教育活动。抓紧关键力量,不仅夯实了党员领导干部的思想基础,筑牢了"为人民服务"的群众意识,提升了拒腐防变能力,保持了领导干部的纯洁性,而且有力地发挥了领导干部的示范带头作用,在全党形成了上行下效的正向效应,为保持党的纯洁性提供了最坚实的依靠。

目　录

新时代永葆党的纯洁性的时代背景

一切人类活动都是特定历史环境的产物。党的十八大以来,我们党多次强调永葆党的纯洁性的重要性,明确指出全面从严治党永远在路上,党的自我革命永远在路上,顺应了国际国内、党内党外发展形势,推动了新时代党的建设伟大工程。

(一) 世界政党政治发生的深刻变化

当前,世界处于百年未有之大变局,世界政党政治正在悄然发生深刻变化。因此,作为世界第一大执政党的中国共产党,必须在政党政治的"乱"与"变"中不断调适,加强自身建设,探索在世界政党政治中发挥引领作用的舞台与机遇。

1. 世界传统政党政治面临巨大挑战

近年来,西方各国党派斗争频繁,持续对社会发展与政治生态造成影响,各国长期形成的传统政党相互制衡的政治格局不断被打破,西方政党政治加速演变。因此,无论是在政界早有盛名的传统型政党,还是近些年势头猛进的新型政党、极端民粹主义政党,大家都在紧跟时代潮流,调适自身发展策略,拓宽政治发展空间。具体表现在以下几个方面:

一是传统政党遭遇民意寒流,执政能力下降,面临发展困境,持续走衰。受国际金融危机、恐怖主义危机、主权债务危机、难民危机、英国脱欧风波等多种因素的叠加影响,选民除了传统的政治经济诉求外,尤其突出了对文化、生态、社会等维度的政治偏好。这一变化,使得基于阶级政治的传统左右翼分野,以及因适应选举政治而形成的政党定位全民化、政治路线中间化、政策主张趋同化和议会党团精英化的主流政党,越来越不能有效回应选民的诉求和塑造选民的偏好,政治影响力不断下降。① 随之而来的是,欧洲、拉美、亚洲一批主流政党影响力急剧下降,在政治大选中屡屡失利。以 2018 年为例,意大利民主党在参众两院的选举中以 18.76% 和 19.14% 的得票率落败②;瑞典社会民主党虽在大选中保住了议会第一大党地位,但所在阵营议席未能过半,连续三次组阁尝试均以失败告终,地位堪忧;墨西哥、巴西、哥伦比亚、秘鲁等国大选中,传统政党鲜有作为,拉美民众对主流政党的信心不断走低;马来西亚马来民族统一机构(巫统)一夜沦陷,连续执政 61 年后黯然下野,频遭议员"退党"打击。

二是新兴政党的快速崛起。近年来,受民粹思潮以及其他复杂因素影响,欧洲、北美、拉美、澳大利亚等政党政治较为成熟的国家和地区,正面临传统政党陷入困境、反建制反精英思潮强劲、政治体制和主流政党遭受诘责、新兴政党快速崛起的局面。尤其是在一些资本主义国家大选中,民粹主义极端政党崛起势态明显。他们利用民众对社会不满的心理诉求,以人民的名义号召改造精英统治,不断发表推翻国家旧制度等言论,鼓动民众进行非理性的抗争行为,获得了不少民众的支持。如在 2017 年法国大选中,传统左翼党——社会党与共和党均未进入第二轮投票,标榜"非左非右"的新型政党"前进党"(后改名为"共和前进党")冲出重围,极右翼政党"国民阵线"(后改名为"国民联盟")与极左翼政党"不屈法国"第一轮投票率总和达 40.1%。新型政党以及极端政党来势汹汹,法国传统左右翼对立角逐的政党格局被打破,这些变化迫使传统政党加

---

① 吴韵曦:《政党格局演变、左翼阵营内耗与欧洲社会民主党选举困境———以英国、德国、法国为例》,《当代世界与社会主义》(双月刊)2021 年第 4 期。

② 李凯旋:《意大利政党格局的重构:表现、原因及影响》,《当代世界与社会主义》(双月刊)2020 年第 2 期。

快推进改革转型。

三是政治极化加剧西方国家朝野矛盾。资本主义国家各党派将党派利益作为行事标尺,为了在党派之争中处于优势地位,他们往往相互拆台,在治国理念和政策上的分歧愈加严重,在国家重大事件的决策上很难形成共识。例如,近年来美国民主党和共和党进行的非此即彼的恶性竞争与零和博弈就是其中的典型。在新冠疫情防控的过程中,两党在抗疫政策、物资分配、医保制度等问题上难以协调统一,不仅干扰了国家行政效率,还引发了民众之间的对立与矛盾,极大削弱了美国疫情防控效果。在2020年的总统选举中,共和党与民主党之间的政治分歧与对立更为凸显,在共和党阵营败选后,众多特朗普支持者拒绝接受选举结果,进行示威集会并冲入国会大厦与警察发生激烈冲突,造成党派斗争升级、社会进一步撕裂。

中国共产党作为长期执政的大党、老党,面对日趋复杂的国际形势和不断发展变化的国内环境,必须加强党的建设,夯实党的执政基础,发挥好政治核心作用。

2. 中国共产党领导的社会主义发展势头良好

在世界传统政党政治面临巨大挑战的同时,以美国为代表的资本主义制度也正在难以遏制地出现相对衰落。正如塞缪尔·亨廷顿所说,虽然西方现在占绝对优势,但"文明间的力量对比也发生了一些逐步的、无情的、也是根本的变化。西方的力量相对于其他文明将继续衰落"①。美国与世界上其他国家的实力差距缩小已经成为一个不争的事实。

当然,美国的衰落有其必然原因。第一,"外围供养中心"的资本主义发展模式是其衰败的根源。资本主义的发展史本质上就是一部资本扩张、掠夺的历史,从英国的"羊吃人"运动到当前的金融霸权,这一本质特征从未改变。但是,

---

① 塞缪尔·亨廷顿:《文明的冲突与世界秩序的重建》,周琦等译,新华出版社2010年版,第62页。

当处于资本外围的国家被剥削殆尽,这种"外围供养中心"的发展模式也就走到了尽头。伴随着受压迫国家和人民的极端反抗,资本主义会最终走向其历史的终结。第二,美国经济日益衰退和维持世界霸权之间的矛盾。在其国内,经济结构和消费方式的矛盾以及庞大的医疗体系和社会保障体系的压力,使得美国经济不堪重负,只能以越来越高的国债发行量来勉强维系。巨大的经济压力已经使美国越来越难以完成其世界霸权的目标。第三,美国霸权思想不符合客观世界的发展规律。长期以来,美国凭借其霸权地位,在世界上以"人权""民主"为借口多次发动武装侵略,圈占"势力范围",在"普世价值"的幌子下干涉别国内政,攫取自身利益。这种不尊重他国意志的霸权思想已经使美国在国际上频频树敌,这种行为本身也蕴含着不可持续性,终将消亡。

与此同时,由中国共产党领导的中国特色社会主义事业发展势头良好,中国即将进入社会主义初级阶段的"后期阶段"。毛泽东在《中国革命和中国共产党》中指出:"认清中国的国情,乃是认清一切革命问题的基本的依据。"①习近平多次强调了对于基本国情的判断,指出:"全党要牢牢把握社会主义初级阶段这个最大国情,牢牢立足社会主义初级阶段这个最大实际,更准确地把握我国社会主义初级阶段不断变化的特点。"②结合改革开放以来的建设成就可以判断,中国的社会主义初级阶段即将进入"后期阶段",具体表现在以下三点。第一,从生产力发展水平来看,我国的社会生产能力和生产水平明显提高,制造业产值位居世界首位,并且成为世界上最大的工业生产国、工业制品出口国,工业化进程进入"后期阶段"。第二,从生产关系来看,社会主义生产关系进入改革完善期。从2014年开始,我国紧紧围绕发挥市场在资源配置中的决定性作用,以加快完善现代市场体系、宏观调控体系、开放经济体系为抓手,不断坚持和发展基本经济制度,推进市场化改革,发挥经济体制改革对生产力发展的牵引作用,带动社会主义初级阶段的生产关系调整进入改革完善期。第三,从上层建筑来看,中国

---

① 《毛泽东选集》第二卷,人民出版社1991年版,第633页。
② 《深入学习贯彻习近平同志"7·26"重要讲话精神　牢牢把握社会主义初级阶段这个最大国情》,《人民日报》2017年8月31日。

特色社会主义制度进入成熟定型期。在对社会主义初级阶段科学认识的基础上,党和国家带领人民探索出一条不同于西方的中国现代化道路,创立了中国特色社会主义制度。实践证明,中国特色社会主义制度在我国的现代化进程中发挥了积极稳定的作用,是符合国情和发展需要、具有独特优势的制度体系。

3. 中华民族伟大复兴的使命担当

习近平在党的十九大报告中指出:"中国共产党一经成立,就把实现共产主义作为党的最高理想和最终目标,义无反顾肩负起实现中华民族伟大复兴的历史使命。"①自 1921 年中国共产党成立以来,中国共产党人始终把为中国人民谋幸福、为中华民族谋复兴作为初心和使命。他们团结带领人民进行艰苦卓绝的斗争,打败了日本侵略者,完成了新民主主义革命,建立了中华人民共和国;他们团结带领人民进行社会主义建设,推动建立社会主义基本制度;他们团结带领人民实行改革开放,解放和发展生产力,开辟了中国特色社会主义道路。经过多年发展,人民生活得到改善,综合国力显著提高。

当前,中国特色社会主义进入新时代,中国共产党团结带领人民接过历史的接力棒,肩负起实现中华民族伟大复兴中国梦这一历史使命,继续奋斗,中华民族迎来了从站起来、富起来到强起来的伟大飞跃。习近平强调:"现在,我们比历史上任何时期都更接近中华民族伟大复兴的目标,比历史上任何时期都更有信心、有能力实现这个目标。"②只要中华儿女勠力同心、团结一致,中华民族伟大复兴的中国梦就一定能够实现。但"行百里者半九十",中华民族的伟大复兴绝不是敲锣打鼓轻轻松松就可以实现的。越是到了目标实现的最后关头,各种阻力矛盾、风险挑战就越是有可能集中爆发,就越是需要我们坚定信念,不断推进伟大斗争。中华民族伟大复兴的历史伟业走到了不进则退、至关重要的发展时期。按照党的十九大的战略部署,在全面建成小康社会之后,我国将分两

---

① 《决胜全面建成小康社会　夺取新时代中国特色社会主义伟大胜利——在中国共产党第十九次全国代表大会上的报告》,人民出版社 2017 年版,第 17 页。
② 《习近平谈治国理政》,外文出版社 2014 年版,第 35—36 页。

个阶段进行后一步的安排。第一阶段是从 2020 年到 2035 年,在全面建成小康社会的基础上,基本实现社会主义现代化;第二阶段是从 2035 年到本世纪中叶,在基本实现社会主义现代化的基础上,把我国建成富强民主文明和谐美丽的社会主义现代化强国。但我们应该清醒地认识到,中华民族伟大复兴绝不会轻易实现,我们必须付出巨大的努力,进行艰苦的斗争。当前,妨碍生产力发展的体制机制障碍依然存在,经济社会发展的不平衡不充分问题依然突出,城乡区域发展和收入分配差距依然较大,人民群众对就业、教育、医疗、居住、养老、环境保护等各个领域的发展诉求依然强烈,一些损害人民群众利益、破坏民族团结、妨害国家主权利益的威胁依然没有消除。在新时代,能不能防范好可能出现的风险,能不能化解好已经出现的困难,直接关系社会主义现代化强国目标能否实现,关系中华民族伟大复兴中国梦能否实现。

习近平说:"时代是出卷人,我们是答卷人,人民是阅卷人。"实现中华民族伟大复兴的关键在党。只有党的事业建设发展得好,新时代中国特色社会主义这篇大文章才有可能书写得精彩,实现中华民族伟大复兴的中国梦才有可能计日可期。当前,党的建设事业也面临着多方面挑战:一方面,党面临的执政环境是复杂的,影响党的先进性、弱化党的纯洁性的因素是复杂的;另一方面,党内存在的思想不纯、政治不纯、组织不纯、作风不纯等突出问题还未得到根本解决,一些老问题反弹回潮的可能性依然存在。这些问题解决得好,党的领导就能更加坚强有力,才能推动国家和民族的后续发展。在实现中华民族伟大复兴的征程中,全党必须按照新时代党的建设总要求,采取全方位措施,消除一切损害党的建设事业的不利因素,清除一切侵蚀党的健康肌体的毒瘤,不断增强党的政治领导力、思想引领力、群众组织力、社会号召力,永葆党的执政活力,确保中华民族伟大复兴如期实现。

(二) 党实现长期执政的目标要求

习近平多次强调,我们党作为百年大党,如何永葆先进性和纯洁性、永葆青春活力,如何永远得到人民拥护和支持,如何实现长期执政,是我们必须回答好、解决好的一个根本性问题。2021 年,在党的十九届六中全会通过的决议,更是明确指出了习近平新时代中国特色社会主义思想中"建设什么样的长期执政的马克思主义政党、怎样建设长期执政的马克思主义政党"这个重大时代课题。当前,在实现中华民族伟大复兴中国梦的宏伟目标下,要深入研究党的长期执政规律,就必须把准党的时代定位,利用党的建设规律解决好党的纯洁性问题,把党建设得更加坚强有力。

1. 中国共产党长期执政的政治底气决定了党的纯洁性建设

办好中国的事情,关键在党。党的十八大以来,习近平多次强调,越是长期执政,越不能丢掉马克思主义政党的本色,越不能忘记党的初心使命,越不能丧失自我革命精神。我们党在长期执政的过程中,在团结带领全国各族人民实现中华民族伟大复兴的历史征程中,最重要的是把自身建设得更加坚强有力,以党的纯洁性构筑长期执政的底气。

党的百年奋斗历史已经证明,先进的马克思主义政党不是天生的,党的执政地位也不是与生俱来的,而是在不断推进的纯洁性建设中、在勇于自我革命的实践中淬炼而成的。我们党多次强调,中国共产党始终代表中国最广大人民的根本利益,除了人民之外没有任何自己特殊的利益。因此,我们党比任何一个西方政党都更加具有永葆党的纯洁性的政治自觉。这是我们党敢于自我革命的勇气之源,也是我们党能够担负起长期执政历史使命的底气所在。要长期执政,就必须解决好为谁执政、为谁用权、为谁谋利这个根本问题,全党同志就必须明大德、守公德、严私德,清清白白做人、干干净净做事,做到克己奉公、以俭修身,永葆清正廉洁的政治本色。党要长期执政,就必须解决好党内可能存在的各种突出问题,要有正视问题的自觉和刀刃向内的勇气,要永葆自我革命精神,增强全面从严治党永远在路上的政治自觉,要以"踏石留印、抓铁有痕"的坚韧和执着,继续打好党风廉政建设和反腐败斗争的攻坚战、持久战。

党的十八大以来,以习近平同志为核心的党中央继承和发展马克思主义建党学说,总结运用党的百年奋斗历史经验,深入推进管党治党实践创新、理论创新、制度创新,对建设什么样的长期执政的马克思主义政党、怎样建设长期执政的马克思主义政党的规律性认识达到新的高度。习近平在党的十九届中央纪委六次全会重要讲话中作出精辟概括:坚持党中央集中统一领导,坚持党要管党、全面从严治党,坚持以党的政治建设为统领,坚持严的主基调不动摇,坚持发扬钉钉子精神加强作风建设,坚持以零容忍态度惩治腐败,坚持纠正一切损害群众利益的腐败和不正之风,坚持抓住"关键少数"以上率下,坚持完善党和国家监督制度,形成全面覆盖、常态长效的监督合力。这是对建设长期执政的马克思主义政党的规律性认识深化和理论创新的重大成果,是习近平新时代中国特色社会主义思想的重要组成部分,也为我们党在新时代推进党的纯洁性建设、实现长期执政指明了前进方向。

2. 中国共产党长期执政的目标决定了党的纯洁性建设

从时代方位来看,百年历史的中国共产党恰是风华正茂、意气风发。当前,在党的带领下,我们已经实现了全面建成小康社会的奋斗目标,正迈向全面建成社会主义现代化强国的第二个百年奋斗目标。在这个过程中,中国共产党作为马克思主义政党,既肩负着为中国人民谋幸福、为中华民族谋复兴的初心和使命,又承担着坚守共产主义理想、坚持和发展中国特色社会主义、推动构建人类命运共同体、为人类发展进步事业而奋斗的远大理想。这样的使命和担当决定了我们党必须不断推进党的纯洁性建设,只有把全面从严治党贯穿于长期执政能力建设始终,才能实现长期执政能力建设的预期目标。也就是说,党到底能不能实现长期执政,取决于管党治党是不是全面从严,取决于党的纯洁性建设是不是有实绩和成效。

长期执政背景下推进党的纯洁性建设,必须推动全面从严治党向纵深发展。习近平多次指出,虽然全面从严治党取得卓著成效,但还远没有到大功告成的时候,决不能有任何松口气、歇下脚的念头。习近平提出,要把全面从严治党不断引向深入,开创全面从严治党的新局面。长期执政背景下推进党的纯洁性建设,必须发扬刀刃向内的自我革命精神。勇于自我革命是中国共产党鲜明的政治品格,是中国共产党区别于世界上其他政党的显著标志。党的十八大以来的全面从严治党就是中国共产党自我革命的一次生动实践。习近平指出:"自我革命关键要有正视问题的自觉和刀刃向内的勇气。"①我们党执掌政权的地位和领导社会的角色决定了执政并不是简单地处理行政事务,而是一切执政行为的表现都彰显着马克思主义政党的纯洁性和先进性。要在新时代推进党的长期执政能力建设,我们党必须发扬勇于自我革命的精神,担当起领导伟大社会革命的责任。

3. 中国共产党长期执政的政治环境来源于党的纯洁性建设

实现党的长期执政并不是一帆风顺的,正如习近平指出:"在前进道路上我们面临的风险考验只会越来越复杂,甚至会遇到难以想象的惊涛骇浪。我们面临的各种斗争不是短期的而是长期的,至少要伴随我们实现第二个百年奋斗目标全过程。"②种种困难和问题都提醒我们,只有不断推进党的纯洁性建设,营造良好的政治环境,才能推动长期执政目标的实现。

近年来,围绕党的执政环境,我们党进行了多方面的努力。一是重点查处政治腐败。政治腐败是最大的腐败。我们党多次强调,一旦党的权力被利益集团窃取,领导干部蜕变为他们的代理人,党的集中统一就会被各种山头帮派打破。近年来,多名党内高级干部的落马,充分说明党"打虎"无禁区、监督无特例的决心和彻底消除政治腐败的恒心。二是坚定不移地推进党风廉政建设,必须坚持人民立场,狠抓"四风"问题和特权现象,与不正之风斗争到底,从领导干部抓起,改进工作作风,营造清新的党风、政风和社会风气,树立党的形象。三是坚持不敢腐、不能腐、不想腐的一体化反腐败斗争基本方针。党的十八大以来,党中央坚持反腐败无禁区、全覆盖、零容忍,坚持重遏制、强高压、长震慑,反腐

---

① 《习近平谈治国理政》第四卷,外文出版社 2022 年版,第 32 页。
② 《发扬斗争精神　坚定斗争意志——论学习贯彻习近平总书记在中青班开班式上重要讲话精神》,《人民日报》2019 年 9 月 4 日。

败斗争取得了压倒性胜利并得到全面巩固。截至 2022 年 4 月底,全国纪检监察机关共立案审查调查 438.8 万件、470.9 万人,查处违反中央八项规定精神问题 72.3 万起,给予党纪政务处分 64.4 万人,运用"四种形态"批评教育帮助和处理 1134.4 万人次①,推动了反腐败斗争质的转变。四是用好巡视的反腐"利器"。巡视工作是我们党强化党内监督的重要形式。在巡视工作中,要善于发现问题线索,创新巡查形式,拓展巡查内容,加强"回头看"和专项巡查,增强巡查的灵活性和全面性,让腐败问题无处遁形。五是严明党的政治纪律和政治规矩,把严守党在政治方向、政治立场、政治言论、政治行为方面的纪律和规矩放到工作的重要位置来抓,把纪律观念和规矩意识深深扎进党员干部心中,营造风清气正的良好政治生态。

(三)党自身建设出现的新情况新问题

党的十八大以来,以习近平同志为核心的党中央明确全面从严治党的战略方针,全面加强党的自身建设,使反腐败斗争取得压倒性胜利并得到全面巩固,管党治党宽松软的状况也得到根本扭转,党的纯洁性建设取得了明显成效。但我们也要看到,各种弱化、损害党的纯洁性的因素始终存在。党内存在的思想不纯、政治不纯、组织不纯、作风不纯等突出问题并没有得到根本解决,"四风"问题仍有复发回潮的风险,腐败问题仍未杜绝,这些问题对党的纯洁性建设具有很大的破坏性和危险性。新时代党的纯洁性建设不能松懈,要向管党治党的高要求高水平前进,带动党的建设质量全面提高。

1. 党的规模和结构变化增加了党的纯洁性建设压力

党的纯洁性建设与党的规模和结构密切相关。在中国共产党百年的发展历程中,党员数量持续增加,党员的成分和结构发生变化,这种变化虽然彰显了

---

① 《党在革命性锻造中更加坚强有力》,《人民日报》2022 年 7 月 1 日。

党强大的生命力和活力,但也为党的纯洁性建设带来了压力和挑战。具体表现在以下几个方面:

(1)党员规模的变化带来的建设压力

据中央组织部最新党内统计数据显示,截至2022年12月31日,中国共产党党员总数为9804.1万名,党的基层组织总数为506.5万个。① 党员队伍规模十分庞大。此外,党员数量也呈稳步增长趋势。截至2022年12月31日,全国党员总量比2021年底净增132.9万名,增幅为1.4%。2022年全年,新发展党员数量达到244.9万名。② 庞大的党员规模和持续增长的党员数量表明党在社会各组织、各阶层的影响力和吸引力不断上升,显示出党不断扩大的群众基础,为实现中国梦奠定了强大的组织力量。但是,党员规模越大,并不代表党的战斗力就越强,提升政党力量的关键在于提高党的建设质量。如果党内存在大批质量差、不合格的党员,那么势必会影响党的先锋队性质,损害党的纯洁形象,直接影响党的战斗力。因此,建设强大政党必须谋求质量和数量的统一。对于我们党而言,相较于党员数量,提高党员队伍质量,保持和加强党的纯洁性建设更为紧要。当前,党的纯洁性建设在组织结构方面面临两大压力。

一是党员规模过大,增加了党的纯洁性建设难度。第一,增加了入党把关的工作难度。近年来,全国各地掀起了"入党热",每年都有大批人员申请加入党员队伍。截至2022年12月31日,全国共有2096.2万人申请入党,入党积极分子为1050.0万名。③ 这给把控发展党员入口工作带来重大挑战,使个别"带病入党"的漏网之鱼和个别"投机主义"分子有了可乘之机。第二,增加了党组织管理难度。随着党员人数的不断增多,很多基层党组织忙于繁杂的事务性工作,疏于对党员干部的教育和监督管理,易导致部分党员信念滑坡、行为失范,同时也增加了提高党员队伍质量的难度。第三,庞大的组织规模使党员的先进性身份不突出。长此以往,党的光荣感与责任感退化,党员无法发挥先锋模

---

① 中共中央组织部:《中国共产党党内统计公报》,《人民日报》2023年7月1日。
② 《中国共产党党员队伍持续发展壮大》,《人民日报》2023年7月1日。
③ 中共中央组织部:《中国共产党党内统计公报》,《人民日报》2023年7月1日。

范作用,甚至会出现腐败问题,对党的健康肌体造成威胁。

二是政党规模过大,加大了政策传递和执行的阻力。第一,为了适应不断扩大的党员规模,党的基层组织机构数量不断增加,党员干部之间与基层组织之间需要协调的问题也随之增多。这些问题处理不好,可能导致职能重叠、职责空白的情况出现,从而降低部门内部决策效率,影响政策实施成效。第二,庞大的组织规模,增加了政策传递的风险。在政策传递过程中,稍有不慎就可能会出现信息遗漏、存在偏差,重要信息传递速度过慢等问题,甚至出现政策变异和失灵问题。比如,有的部门利用监管漏洞钻空子,对政策选择性执行;有的部门在政策上"添油加醋"以满足本部门或地区的利益;有的部门采取"一刀切"政策,将政策执行以简单化方式推进。这些行为均违背了政策制定的初衷,以致实施效果偏离预期。

(2)党员结构的变化带来的治理压力

近些年,党员队伍结构出现了一些新的变化。比如,党员队伍中的年轻党员、女性党员、少数民族党员比重都有所提高;高知识群体规模明显扩大;队伍成员从工人、农民、知识分子扩展到企事业单位、社会组织管理人员以及专业技术人员等。整体来看,党员队伍结构更加合理化,党的阶级基础进一步巩固和扩大,这增强了党的凝聚力,推动了新时代社会的改革与发展。

但是,党员队伍结构发生的变化也给党的内部治理带来了多方面的压力和挑战。

一是年轻党员的教育和管理工作是党的内部治理的重点和难点。年轻党员是党员队伍中最有活力、最有朝气的一股新生力量,承担着未来建设社会主义事业的重任。据统计,在 2022 年全年新发展的党员中,党内 35 岁及以下的新增党员达 198.8 万名,占新发展党员总数的 81.2%。[①] 很多"80 后""90 后"党员干部已经参与到建设国家的事业中来。但很多年轻党员正处于世界观价值观形成的关键时期,容易受到外部环境的影响,尤其是在校的学生党员群体,

---

① 《中国共产党党员队伍持续发展壮大》,《人民日报》2023 年 7 月 1 日。

他们阅历较少,部分人在大是大非面前缺乏辨别能力,没有坚定的立场。如果不及时加强对年轻党员的教育和管理,他们可能在错误思潮的影响下形成扭曲的价值观、是非观,从而会削弱党在某些领域的思想引领力和群众组织力。因而,在党的纯洁性建设过程中,我们需重视并加强对年轻党员的理想信念教育,让年轻党员树立责任感和使命感,让党的事业薪火相传。

二是非公有制企业党员数量持续增长,增加了党员内部的管控和协调难度。现阶段活跃在非公有制企业中的党组织有 57 万多个,共产党员 590 多万名,庞大的数量与规模对党提出了加强纯洁性建设的现实要求。比如,应该如何正确发挥非公企业党员在企业生产经营管理、创新创造活动中的积极作用,如何促进非公有制经济发展和非公企业人士的健康成长,如何与领导干部一起营造风清气正的党内政治生态。尤其是,别有用心之人将领导干部作为"围猎"和"绑架"的目标,通过利益输送、情感投资等,逐步击溃领导干部的戒备之心和政治底线,严重损害了党的健康肌体。此外,非公企业党员数量的增加,还会增加将市场经济中"新自由主义""普世价值"等不良思潮带入党员队伍的风险,处理不好,可能会对党的主流思潮造成一定影响。因此,在党的建设过程中,如何激发各阶层成员的政治参与度、管控好非公企业党员的入党风险、抵制资产阶级意识形态入侵,是我们党在新时代永葆纯洁性必须思考的重要问题。

三是流动党员队伍管理仍然是管党治党相对薄弱的环节。流动党员是党员群体中的特殊群体,指的是由于异地求学、进城务工、转换岗位、外出经商等原因,较长时间无法正常参加党组织活动的党员。近年来,随着全国流动人口规模不断扩大,流动党员人数也不断增多,这些党员流动跨度大、流动频率高、流动地区分布广泛,使基层党组织治理面临严重挑战,引发了多种内部治理问题。第一,流动党员队伍松散,导致各项党建工作难以有效开展和落实。例如,党员频繁流动使基层党组织设立难度加大;流动党员与支部接触时间短,转换单位快,使支部难以构建素质强、积极性高、可持续的骨干队伍;流动党员情况各异,党支部与其沟通活动的时间、地点难度较大,党支部工作困难重重。第二,部分基层党组织的流动党员管理制度不完善,无法有效调动党员力量。有些流入地党组织不重视对流入党员的管理，致使其思想教育、学习活动几乎空白。因而，流动党员也不愿与党组织有过多联系。某些流动党员索性成为藏匿身份的"影子党员"、不参加组织活动的"口袋党员"，试图躲避党组织的监督管理，党员的组织归属感和荣誉感缺失，致使党的组织优势难以发挥。

2.党内突出问题阻碍了党的纯洁性建设进展

新时代，党的建设取得了显著成效，但党内思想不纯、政治不纯、组织不纯、作风不纯问题仍未得到根本解决。这些问题侵害着党的肌体，严重影响着党的纯洁性。具体表现在以下几个方面：

（1）思想不纯阻碍了党的纯洁性建设进展

思想问题是一切问题的根源，主要体现在以下两个方面。

一是理想信念动摇。有的党员对马列主义失去信仰，认为"马克思主义是空想""共产主义是虚构"，对中国特色社会主义理论体系缺乏理论自信，对中国特色社会主义道路丧失信心；有的党员表面赞同党的理论，实际上思想已经背离社会主义，听信了西方的"普世价值"，向往西方的价值观和社会制度，认为资本主义是人类最终归宿，对社会主义制度和党的领导产生怀疑；有的党员精神世界浑浊，尚未破除封建迷信思想，在家烧香拜佛、在办公室调整风水，利用公共权力搞迷信活动，满足自身空虚的内心，污染了社会风气；有的党员失去精神上的支撑，沉迷于拜金主义、享乐主义、极端个人主义的诱惑中，进而演化为经济上物欲膨胀、唯利是图，工作上纪律意识淡薄、得过且过，生活上奢侈腐化、作风不正，对党的纯洁性建设有极大破坏力。

二是精神懈怠。第一，有的党员学习意识薄弱。他们在理论和实践的学习中不积极主动，没有用党的创新理论武装自己的头脑，对党的政策和方针没有全面深入的理解，在思想上没有做到与党中央保持一致。第二，有的党员缺乏创新意识和进取精神。有的党员一味求稳，沉溺于眼前的成绩，安于现状，缺乏进取心，思想保守僵化；有的党员缺乏创新拼搏意识，在"当先进太累，当后进挨批，当中游最美"的想法中得过且过，没有争一流的拼搏精神；有的党员宗旨意识淡薄,对群众的疾苦漠不关心,为官不为,对工作缺乏责任感和敬畏心;有的党员存在畏难情绪,一遇到困难就想找理由或者借口躲避、拖延,缺乏克难攻坚的勇气。精神上的懈怠使得部分党员在工作中失去干劲,在思维上故步自封,不去思索人民群众所反映的问题,不去主动提高思想觉悟,不去考虑改革中需要创新的内容,在工作上拖拖拉拉、敷衍了事,效率极低,严重损害党和政府的公信力,阻碍了党的事业发展。

(2)政治不纯阻碍了党的纯洁性建设进展

现实中,有的领导干部迷失政治方向,违反政治纪律,触犯政治规矩,给党和国家事业带来不良影响,阻碍了党的自身发展。

一是政治立场不坚定,对党缺乏高度忠诚。政治立场是对共产党员党性的集中考察,要求党员爱党忧党、兴党护党,自觉维护党的利益、国家利益、集体利益,时刻站在广大人民群众的立场上观察和分析问题。但有的党员存在政治立场不坚定的问题:有的在涉及党的基本路线、基本纲领等重大政治问题上说三道四,对党中央的决策部署和要求评头论足;有的阳奉阴违,在大会上高唱赞歌,在背地里唱反调,更有甚者捕风捉影,恶意编造和传播有关党的政治谣言,丑化党和国家的形象;有的政治态度暧昧,对挑衅党的领导、质疑中国特色社会主义的言论不批驳,对民族分裂主义和宗教极端主义不亮剑,在大是大非问题上没有坚定的立场和鲜明的态度,听之任之,置身事外。

二是政治纪律淡漠,党内违法乱纪现象屡禁不止。政治纪律和政治规矩是对各级党组织和党员的基本要求和约束,是其在政治生活中必须遵守的行为规则。有的党员违背党的政治纪律和政治规矩,纪法观念淡薄,党性修养不够,搞"上有政策,下有对策"那一套,与党离心离德;有的党员不忠于党,不忠于民,为了某些私利把对党的忠诚退化为对个人的"效忠",甚至把上级领导称呼为"老板";有的党员把市场交换原则渗透到党内,拿党性原则做交易,搞利益交换,将党和国家的秘密文件、资料泄露出去,做出有损党和国家安全的违法之事;有的党员参与非法组织和非法活动,更有甚者为非法社会组织"站台""代言",进行虚假宣传,污染社会组织生态环境。

三是政治鉴别力和敏锐性缺失。党员干部只有具有在政治上辨别事物真假、辨别事件是非的能力,才能主动维护党和国家的利益。当前国际舆论环境恶化,各种思潮良莠不齐,西方干预政策极力伪装,若党员干部政治思想不扎实,没有较高的政治鉴别能力,则难以发挥正确引导作用。具体表现为:有的党员对涉黑涉恶等非法组织听之任之,在金钱利益和虚假政绩的诱惑下彻底迷失初心,成为黑恶势力的"保护伞";有的党员在政治方向、政治路线等原则性问题上态度模糊,是非不明,对亲属、身边工作人员所犯错误纵容包庇,甚至不惜违纪违法;还有些党员把民族分裂主义与民族主义混淆,对于"三股势力"打着"宗教活动"的幌子搞破坏活动的行为缺乏鉴别能力,对其政治图谋和险恶用心认识不清,轻信谎言。

(3)组织不纯阻碍了党的纯洁性建设进展

一是有的党员干部脱离群众,导致党群关系恶化。全心全意为人民服务是党的根本宗旨。然而,有的党员干部忘记了自己人民公仆的身份,企图凌驾于群众之上,以"高姿态"摆"官架子",对上阿谀奉承,对下趾高气扬,对群众的利益不屑一顾;有的党员干部把让上级满意作为工作指标,在工作中不积极主动深入基层了解民意,不知道群众心中所想,不了解群众生活所难,制定决策时脱离实际,不符合群众意愿;有的党员干部自命不凡,居高临下地对群众发号施令,忘记为人民群众服务的初心和使命,引起民众反感;有的党员干部为一己私欲背叛人民群众,屈服于利益集团、特权阶层、权势团体的围猎,利用权力谋利益,践踏人民群众赋予的权力,侵犯群众利益,降低了党委和政府的公信度。

二是有的党员干部选拔任用管理人不严,影响党的组织力。选人用人关乎国之根基,党和国家的事业发展需要德才兼备、公道正派的高素质干部队伍。当前,有的党组织政治功能弱化,在政治上设防不严、把关不牢,致使领导干部的选拔工作出现疏漏,导致干部队伍中出现了部分干部德、才不配位的现象。例如,有的领导干部违背"任人唯贤"的基本准则,优先提拔关系好的下属,在党内拉山头,搞小圈子、小团体;有的领导干部利用职务便利向下属打招呼、递条子,企图为亲属谋得官职,或趁换届之机突击提拔、安排自己人。这些违规行为不仅易在党内滋生帮派意识、圈子文化,严重破坏党内政治生态,而且挫伤了其他党员干部的工作积极性,损害了社会的公平公正。这般做法选出来的领导干部往往难堪重任,易导致决策失误现象频发,不仅拖累了部门工作,还给党造成不必要的损失。

(4)作风不纯阻碍了党的纯洁性建设进展

"党的作风就是党的形象,关系人心向背,关系党的生死存亡。"①当前,党内作风不纯的问题依然存在,形式主义、官僚主义、享乐主义、奢靡之风问题尚未得到根本解决,具体表现在以下两个方面。

一是形式主义、官僚主义死灰复燃。形式主义与官僚主义相伴而生,在中国由来已久,成因复杂,表现多样。目前,滋生形式主义、官僚主义的土壤仍然存在,甚至在有的地方比较突出。比如,有的党员干部好大喜功,为了让上级满意,不惜挪用其他项目资金进行政绩形象的搭建,搞有形无用的花架子,不管群众同不同意,只看领导满不满意;有的党员干部在基层调查研究时,只是走走过场,没有深入了解群众的真实情况,出台的政策不但对社会建设没有积极作用,反而增加了政府工作难度;有的地方存在频繁开会、基层干部陪会的现象,会议中充斥着千篇一律的套话、老生常谈的废话和长篇大套的空话,既浪费了干部的时间又消磨了干部的工作精力。尤其要注意,"痕迹主义""拖延主义"已成为形式主义、官僚主义的新变种,在基层工作中大行其道。比如,督查考核名目繁多,材料复杂,流程烦琐,日常工作中发问卷、写文稿、填材料、拍照片、群打卡等一系列要求让基层干部以及群众应接不暇、苦不堪言。又比如,有的党员干部用"模板"应对群众,用话术敷衍群众,用"软钉子"套路群众,损害党和国家形象。

二是奢靡享乐歪风隐形变异。在反腐败的高压下,奢靡之风和享乐主义基本刹住,但禁而未绝,转而以更加隐蔽的形式藏匿于"合法"的外衣下。一方面,

---

① 《坚持从严治党落实管党治党责任　把作风建设要求融入党的制度建设》,《人民日报》2014 年 7 月 1 日。

违规收取礼金方式日趋隐蔽。比如,有的官员通过变换身份、异地操办的方式举办升学宴会、婚丧宴会、生日宴会等活动来收取礼金;有的官员刻意避开敏感时期,避过风头后继续收礼、送礼;有的官员选择微信红包、快递、电子礼物卡等不易察觉的方式贿赂上级。另一方面,公款吃喝行为潜入地下。比如,有的党员利用职务之便,伪造公务接待函;有的党员利用年会、工作交流等名义吃喝;还有的党员将公款吃喝转移至内部食堂、农家乐等具有隐蔽性的场所中。此外,违规发放津贴或福利的行为花样翻新。有的部门巧借职工生活、交通、住房等名目,违规发放津贴或非货币性福利;有的部门设立小金库,通过管辖的企业、社团组织变相发放津贴福利;还有的部门假借外出培训、考察调研的名义,利用公款旅游。如此种种,可见奢靡享乐的不正之风正由"明"转"暗"、由"公"变"私"、化"整"为"零",大有隐蔽之势,增加了监管排查难度。

3. 党内生态环境制约了党的纯洁性建设成效

党的生态环境是党的形象、社会整体状况、社会风气的综合写照,与党的纯洁性建设相辅相成。

(1)政治生态问题影响党的纯洁性建设成效

党内政治生态是在以党的领导为核心的政治格局中,各方面的政治关系、政治要素、政治活动相互联系、相互影响、相互促进形成的一种发展状态,其综合反映了整个国家的政治生态气候和国家政治生活的健康状态。当前,党的政治生态整体向好,但政治生态的发展还不能满足社会全面发展进步的要求,一些深层次的问题还未得到根本解决。

一是党内政治生活质量不高。党内政治生活是党组织管理党员干部、加强党员党性锻炼、严明党的纪律的主要平台。严肃党内政治生活是保持党的纯洁性的重要法宝,是党风政风的"净化器"。然而,个别地方的党内政治生活出现种种问题,导致这一净化效果大打折扣。第一,党内民主集中制贯彻不到位。有的干部只讲集中,不讲民主。领导花钱"一支笔",决策"一言堂",用人"一句话",将个人意志凌驾于组织之上,形成了颐指气使的不良习气。有的干部只讲民主,不讲集中,若建议未被采纳便摆脸子、使绊子。第二,批评与自我批评开展不力。有的党组织的一把手碍于面子,在开展批评与自我批评时未能坦诚反省、开诚布公,没有起到好的带头作用,以致整个班子批评与自我批评效果欠佳;有的干部既不敢批评领导,怕被"穿小鞋",又不敢批评同级,怕"丢选票",因而三缄其口,言无关痛痒之事。自我批评之时,有的干部不愿深度揭露自身缺点和问题,态度轻浮,自我批评内容空泛,使得批评与自我批评流于形式。第三,有的领导班子缺乏团结。有的领导班子表面看起来一团和气,但在工作分配、权力行使、沟通协调等方面出现分歧时,班子成员间就彼此推诿、互相埋怨,内部矛盾暴露无遗,整个班子看似团结,实则貌合神离、一盘散沙、毫无战斗力。

二是党内政治关系庸俗化。中国共产党重党性、守初心,向来主张坦荡朴质、清爽纯洁的同志关系。但一段时间以来,党内个别干部把党内同志关系异化为种种庸俗化关系。第一,好人主义盛行。有的干部奉行明哲保身的处世哲学,在官场上逢迎拍马,对领导阿谀奉承,对同级包着让着,对下级哄着护着,损害党内同志关系的严肃性。第二,党内人身依附关系仍然存在。有的上级官气十足,把下属当作"家臣",以权压人;有的下级极力讨好上级,削尖脑袋攀高枝,与领导的配偶、子女套近乎,即使沦为"家臣"也心甘情愿。如此一来,平等的同志关系被异化为等级关系,甚至主仆关系。第三,人际关系庸俗化。有的同志把自己与朋友、同学、亲戚之间的关系用物质纽带连接起来,形成彼此拉拢和利用的裙带关系。他们主张平时得"送点",过节得"打点",时不时聚在一起吃吃喝喝、搓搓麻将、蒸蒸桑拿,热衷于搞"同学会""战友圈",喜欢"拜把子",不少人"酒杯一端,政策放宽",只讲关系,不讲纪律。这些庸俗的党内关系,制造了滋生腐败的温床,污染了风清气正、人和业兴的干事创业的政治生态。

(2)消极腐败影响党的纯洁性建设成效

消极腐败是社会的毒瘤,是政治生态最致命的污染源。腐败之风一旦在党内蔓延,必会逐渐摧垮党勤于学习的学风、艰苦奋斗和紧密联系群众的工作作风,影响党风,使党面临失去上进心、先进性、凝聚力、战斗力的危险。党的十八大以来,以习近平同志为核心的党中央接过历史的接力棒,加大反腐败斗争力度,以巨大的政治勇气和责任担当反腐惩恶,取得了反腐败斗争的压倒性胜利并全面巩固。但是,当前我们面临的反腐斗争形势依然严峻复杂,腐败分子仍没有收手,腐败现象仍然存在。

一是系统性腐败、家庭式腐败、区域性腐败、塌方式腐败时有发生。这四种腐败形式均是系统化、组织化的腐败,相比于个体腐败具有更大的危害。第一,系统性腐败是一种广泛的腐败活动,最典型的特征是买官卖官、官官相护。腐败官员涉及不同的国家机构负责人,彼此之间联合行动、各有分工,增加了腐败问题的查处难度。第二,家庭式腐败是以家庭作为利益共同体,通过家庭成员之间分工合作、相互打掩护,包庇腐败问题,形成"一人当官,全家受益"的利益链条。第三,区域性腐败和塌方式腐败是指在一定时期一定范围内出现"一窝黑"现象。个别领导干部以及公职人员为某些利益集团充当保护伞,涉及人数多,涉案官员职位高,涉案领域广,腐败时间长,使政治系统运行处于无序或混乱状态,从而激化了更多社会矛盾,诱发各种刑事案件、群体案件等,严重损害民众利益。这些"抱团式"的腐败,自上而下有多名官员参与,由一案牵出又一案,"拔出萝卜带出泥",比个体腐败的危害更大,给经济社会造成的影响更恶劣。

二是基层"微腐败"问题屡禁不止。在反腐败斗争中,"大老虎"纷纷落马,受到严厉惩罚,然而有的基层党员干部却不引以为戒,自以为天高皇帝远,可以为所欲为,毫不收敛。例如,有的基层干部在群众来办事时进行"吃拿卡要",要求办事得"意思意思",否则脸难看、话难听、事难办,甚至有的干部狮子大开口,向群众索要大额钱财或物资;有的基层干部截留、冒领国家财政下拨的惠农资金和扶贫款项等补贴,为了满足自身贪念,非法侵占农民耕地的补偿款、农村低保户的"养命钱",直接侵犯群众利益;有的基层干部染黑涉黑,利用非法手段操纵选票,甚至将黑恶势力引入村委班子,把持基层政权,而后侵吞集体财富。这些基层"苍蝇"令群众深恶痛绝,若不及时治理,更有"纵蝇成虎"的危险,严重破坏政治生态和社会生态。

三是新型腐败监管难度大。近年来,一些腐败行为出现新变化,主要有以下特点。第一,新型腐败更具隐蔽性。例如,有的干部为了遮盖其权钱交易的事实,一边批准项目和资金,一边购买原始股、收受干股,利用内幕交易的方式在股市获利,给贿赂披上"合法"的外衣。第二,新型腐败更具迷惑性。有的干部为请托人谋取不正当利益后,对于车辆、房屋等贿赂物品不变更权属登记,甚至登记在销售人员名下。还有的干部利用高科技手段掩盖腐败证据,规避制度的约束和监管,即使监管部门发现也难以快速获得证据、取回损失。第三,新型腐败更具期权性。为了逃避监管与惩罚,有的官员选择期货受贿的兑现方式,通过推迟收取贿赂时间,从而隐藏或破坏受贿的证据链,以此瞒天过海。例如,双方约定在离职后收受请托人的财物,并由亲属朋友帮忙代收。由此可见,新型腐败以更隐蔽的形式存在,依然不断地危害着国家和人民的利益,污染着党风、政风、社风。所以,清除腐蚀党的健康肌体的病毒,维持风清气正的政治生态任重而道远。

新时代永葆党的纯洁性的理论来源

习近平关于党的纯洁性建设重要论述不是无源之水、无本之木,它的产生源于对马克思、恩格斯、列宁等无产阶级革命家以及对马克思主义政党的纯洁性建设理论的继承发展,源于对中国共产党人党的纯洁性建设百年光辉实践的经验总结。深入挖掘和探索习近平关于党的纯洁性建设重要论述的理论与实践来源,对于我们深刻理解党的纯洁性建设理论的生成逻辑和形成背景具有重要意义。

(一) 马克思主义经典作家关于保持无产阶级政党纯洁性的理论

在中国共产党诞生之前,马克思、恩格斯和列宁等无产阶级革命家在同资产阶级作斗争和建设无产阶级政党的过程中,对保持无产阶级政党的纯洁性作出过许多深刻的阐述,对 21 世纪中国共产党的纯洁性建设具有重要的理论指导价值。

1. 马克思恩格斯关于保持无产阶级政党纯洁性的理论

马克思恩格斯在科学批判资本主义和发展社会主义的基础上,对如何保持无产阶级政党纯洁性作出了许多深入探索,形成了丰富的理论成果。他们提出无产阶级政党必须坚持自己独立政党的立场,不仅要用科学社会主义理论指导斗争,还要捍卫理论的纯洁性。此外,他们还要求无产阶级政党必须只代表无产阶级的利益,不能有其他的利益等。马克思曾在 1860 年 2 月致斐·弗莱里格拉特的信中指出:"我们的党在这个十九世纪由于它的纯洁无瑕而出类拔萃。"①

(1)必须采取自己独立政党的立场

根据马克思恩格斯的观点,要实现无产阶级革命事业的成功,无产阶级政党必须采取自己独立政党的立场,不仅要在组织上独立,在理论上、纲领上、政治立场上都要与资产阶级、小资产阶级、民主主义者划清界限。这就要求无产阶级政党和各成员要始终坚持科学社会主义理论的指导,始终坚持捍卫党的理论纯洁,坚持同各种非马克思主义理论作斗争,消除错误思想的影响,保持作为一个独立政党的立场。

一是坚持科学社会主义理论的指导。19 世纪 30 至 40 年代,随着欧洲三大工人运动的兴起,工人阶级作为独立的政治力量登上了历史舞台。但由于没有科学理论的指导,大部分斗争都集中在经济领域,斗争成果没得到有效巩固。随着社会矛盾的不断激化和群众性政党的发展,马克思恩格斯意识到要想在斗争中取得胜利,无产阶级政党必须坚持科学社会主义理论的指导。于是,1846 年初,马克思恩格斯在布鲁塞尔建立了共产主义通讯委员会,主要任务是同包括正义者同盟在内的各国工人阶级和社会团体建立联系,并宣传科学社会主义理论,传播共产主义世界观。1847 年 1 月,马克思恩格斯正式加入正义者同盟,并于同年 6 月将其改组为共产主义同盟。共产主义同盟是世界上第一个以马克思主义理论为指导的无产阶级政党,在其成立之初,马克思恩格斯就重点强调要保持政党的思想纯洁性,并将保持政党的纯洁性作为建党原则之一,在为共产主义同盟起草的《共产主义者同盟章程》中严格规定了同盟成员应具备下

① 《马克思恩格斯全集》第三十卷,人民出版社 1975 年版,第 484 页。

列条件,即"不信仰一切宗教,不参加任何宗教团体和一切仪式(民法要求遵守的仪式除外);了解无产阶级运动的条件、发展道路和最终目的;不参加任何敌视同盟宗旨或阻扰这一宗旨实现的组织和局部要求;具有宣传的能力和热情、坚定不移的信念、革命的活力;严格保守同盟一切活动的秘密"①。《国际工人协会共同章程》明确要求:"每一个承认并维护国际工人协会原则的人,均可成为国际工人协会的会员。每一支部应对接受的会员的品行负责。"②无产阶级政党只有用先进的理论武装自己,才能彻底摆脱资产阶级旧式政党的理论干扰。因此,每一个党员一旦入党,就必须加快对无产阶级科学理论的学习并坚定对共产主义的信仰,尽快把自己塑造成纯洁的合格的无产阶级党员;马克思主义政党一经诞生,就必须将思想理论纯洁、理想信念坚定作为对每一位党员的统一要求,并将保持党的纯洁作为组织建设的重要内容。

二是捍卫党的理论纯洁。马克思恩格斯认为,要想保持党内思想的纯洁,除了要学习科学社会主义、坚定科学社会主义的指导外,还要坚持同各种非马克思主义思潮作斗争。因此,在19世纪的欧洲,马克思恩格斯先后与魏特林主义、"真正的社会主义"、德国社会民主党内的机会主义思潮、蒲鲁东主义、拉萨尔主义、巴枯宁主义等思想流派展开了激烈的论战,捍卫了党的理论纯洁。其中,具有代表性的有以下几个。

与风靡一时的魏特林主义作斗争。魏特林曾是正义者同盟的思想领袖,主张消灭私有制、建立人人平等的社会制度,但由于没有揭示出资本主义的基本矛盾和资本主义必然灭亡的规律,他看不到无产阶级的力量。恩格斯曾在《共产党宣言》中指出魏特林的空想共产主义思想"是一种粗糙的、尚欠修琢的、纯粹出于本能的共产主义"③。由于魏特林自命不凡,拒不接受任何劝告,固执地坚持错误观点和宗派主义立场,1846年5月,马克思恩格斯与魏特林公开决裂,坚定地反对魏特林的空想共产主义,这在一定程度上为马克思主义的确立和传

---

① 《马克思恩格斯全集》第十卷,人民出版社1998年版,第744页。
② 《马克思恩格斯文集》第三卷,人民出版社2009年版,第229页。
③ 《共产党宣言》,人民出版社2014年版,第12页。

播扫除了一大障碍。

与以克利盖和格律恩为代表的"真正的社会主义"作斗争。"真正的社会主义"是19世纪40年代在德国出现的一种小资产阶级空想社会主义思潮,其反对政治斗争和无产阶级革命,把"爱"当作解决一切社会问题的灵丹妙药,而不从客观存在的经济结构中寻找解决问题的方法,这严重打压了无产阶级群众革命的积极性,破坏了马克思主义理论的纯洁性。马克思恩格斯认为这"不过是无产阶级的共产主义和英国法国那些或多或少同它相近的党派在德国精神天国以及我们将要看到的德国情感天国中的变容而已"①。通过开展论战、发表著作等方式,马克思恩格斯对"真正的社会主义"思潮进行了尖锐的、系统的批评,有理有据地揭穿其虚伪的外壳,尤其是在《共产党宣言》中对其进行了总结性的清算。至此,"真正的社会主义"逐渐走向消亡,这为保持科学社会主义的纯洁和对正义者同盟的改造进一步扫清了障碍。

与蒲鲁东主义作斗争。虽然"真正的社会主义"思潮在工人运动中逐渐消亡,但是蒲鲁东的小资产阶级社会主义思想又逐渐传播开来。蒲鲁东反对任何国家和政府,反对一切权威,主张通过建立合作社和互助储金会的方式改造资本主义制度、实现"互助制"社会。马克思恩格斯察觉到蒲鲁东的错误思想已经严重渗透到正义者同盟之中,两人通过撰写《哲学的贫困》《真正的社会主义者》《论住宅问题》等著作揭露其思想的实质和要害,并对其进行严厉的批判和改造。马克思恩格斯在改造正义者同盟时,始终坚持同这些非科学理论作斗争,并成功将正义者同盟改造为共产主义者同盟,这不仅使同盟有了正确科学的理论作指导,还确保了同盟内指导思想的纯洁,为无产阶级政党的发展和世界工人运动的开展奠定了统一的思想基础。

此外,世界范围的无产阶级政党建立之后,为了保护和发展年幼的共产国际组织,马克思恩格斯更加注重坚持与各种错误思潮作斗争。如马克思批评巴枯宁是一个极其阴险的阴谋家,全面否定巴枯宁的政治主张,认为其"是从各方

---

① 《马克思恩格斯文集》第一卷,人民出版社2009年版,第589—590页。

面肤浅硬凑起来的混合物"①。恩格斯完成了被称为"马克思主义的百科全书"的《反杜林论》,对杜林主义从哲学、政治经济学、科学社会主义方面进行了全面的批判和反击,推动了马克思主义体系初步的构建,也捍卫了党内思想的纯洁性。

(2)必须是代表无产阶级利益的先进政党

政党是阶级的政治组织,代表的是阶级的根本利益。共产党作为无产阶级和资产阶级矛盾发展的最终产物,自始至终代表的只有无产阶级的根本利益,反映的也只有无产阶级的意志和要求。正如马克思恩格斯在《共产党宣言》中所说,"共产党人不是同其他工人政党相对立的特殊政党。他们没有任何同整个无产阶级的利益不同的利益"②。在资本主义社会,统治阶级始终代表的是资产阶级的利益,并不为人民群众服务。他们总是强迫整个国家和社会为他们的利益服务,而且经常通过损害多数人的利益去维护他们个人的利益,完全不顾他人利益和大众利益,一味地追求实现自己的利益;他们甚至可以把国家和法律当作满足自身欲望的工具,凌驾于法律和国家之上,"就是要保证林木占有者的利益,即便因此毁灭了法和自由的世界也在所不惜"③。由此可见,资产阶级并不能代表广大人民的根本利益,更无法实现广大人民的利益。与此相反,马克思恩格斯在不断发展的共产主义运动中意识到,"过去的一切运动都是少数人的,或者为少数人谋利益的运动。无产阶级的运动是绝大多数人的,为绝大多数人谋利益的独立的运动"④。只有无产阶级政党站在无产阶级的立场上,代表广大人民群众的利益,没有任何同整个无产阶级利益不同的利益。

此外,马克思恩格斯通过分析共产党和工人运动、共产党和其他工人政党的关系,认为:"共产党人同其他无产阶级政党不同的地方只是:一方面,在无产者不同的民族的斗争中,共产党人强调和坚持整个无产阶级共同的不分民族的

---

① 《马克思恩格斯书简》,人民出版社 1965 年版,第 28 页。
② 《马克思恩格斯选集》第一卷,人民出版社 2012 年版,第 413 页。
③ 《马克思恩格斯全集》第一卷,人民出版社 1956 年版,第 173 页。
④ 《马克思恩格斯选集》第一卷,人民出版社 2012 年版,第 411 页。

利益；另一方面，在无产阶级和资产阶级的斗争所经历的各个发展阶段上，共产党人始终代表整个运动的利益。"①这就是说，一方面，共产党人不是代表某一个国家、某一个种族和某一部分无产阶级的利益，而是代表全世界无产阶级的共同利益和根本利益；另一方面，共产党人不单是在某一个斗争阶段或者某一个发展阶段上代表无产阶级的利益，而是自始至终都代表着无产阶级的利益，包括目前利益，更包括长远利益。

（3）必须绝对保持党的纪律

在无产阶级政党运动中，马克思恩格斯对纪律的重视从未间断且不断深入，他们一直强调坚守党内纪律是无产阶级政党发展和胜利的重要保障。1847年，马克思恩格斯起草了第一部无产阶级政党章程《共产主义者同盟章程》，要求所有盟员认同共产主义，不得参加任何反对同盟宗旨的团体和活动，服从同盟的一切决议，保守同盟的一切秘密，对违反纪律的成员直接开除。1859年，面对欧洲工人运动无组织无纪律的混乱局面，马克思在给恩格斯的信中指出："我们现在必须绝对保持党的纪律，否则将一事无成。"②随着国际工人运动的深入展开，马克思恩格斯也在实践中不断深化对纪律的系统性认识和逻辑性研究。第一共产国际成立后，马克思恩格斯在《国际工人协会共同章程》中制定了严格的共同章程和组织条例，要求各个成员、各级委员会和各级组织都必须严格遵守组织纪律，严格按照规章制度行事，这为保障党的纯洁性发挥了极大作用。1866年10月，恩格斯在《致劳拉·拉法格》的信中强调指出："这种纪律是一个有成效的和坚强的组织的首要条件，是资产阶级最害怕的。"③但同时，1868年巴枯宁成立了反对集中统一领导的宗派组织"国际社会主义民主同盟"，他们反对制定和实行任何纪律和任何权威。对此，恩格斯指出："没有任何服从纪律的支部！没有任何党的纪律，没有任何力量在一点的集中…会得到一个早期基督

---

① 《马克思恩格斯选集》第一卷，人民出版社 2012 年版，第 413 页。
② 《马克思恩格斯全集》第二十九卷，人民出版社 1972 年版，第 413 页。
③ 《马克思恩格斯全集》第三十六卷，人民出版社 1975 年版，第 540 页。

徒那样的畏缩胆怯的而又阿谀奉承的组织。"①只有在严格的纪律规范下,党的政治、思想和组织才可以在良好氛围下不断发展,无产阶级政党才能成为一个强有力的有纪律保障的战斗组织,从而取得革命胜利。

此外,马克思恩格斯还认为无产阶级政党既要制定和执行严格的纪律,增强党的战斗性,也要坚持纪律面前人人平等,任何组织和个人都不能享有任何特权,以此维护党内的平等性和民主性。马克思恩格斯早在《共产主义者同盟章程》中就规定:"所有盟员都一律平等,他们都是兄弟。"②针对党内不同时期出现的独断性和集中性,他们始终坚持民主原则,反对任何党内特权,反对任何个人崇拜,反对任何个人凌驾于组织之上,主张在纪律之下人人平等。

(4)必须处理好其他阶级出身的人加入党组织的问题

共产党虽然是无产阶级政党,但并不意味着党内成员都是无产阶级者,也并不是只允许无产阶级加入其中。马克思恩格斯积极吸收并欢迎各个阶级、各个阶层的人加入无产阶级政党,这虽然在很大程度上壮大了党的组织队伍,增强了党的战斗力,但同时也给党的纯洁性建设带来了一定的困难和挑战。因此,马克思恩格斯再三强调,为了保持党的纯洁,共产党必须处理好其他阶级出身的人加入党组织的问题。

19世纪,随着大工业的不断发展,资产阶级通过各种手段对专制君主制的残余地主和小资产者进行贪婪的掠夺和无情的压榨,使得"以前的中间等级的下层,即小工业家、小商人和小食利者,手工业者和农民——所有这些阶级都降落到无产阶级的队伍里来了"③,而且"工业的进步把统治阶级的整批成员抛到无产阶级队伍里去"④。虽然他们的加入"给无产阶级带来了大量的教育因素"⑤,但各种非无产阶级思想同样对党的纯洁性建设造成了一定的影响。为

---

① 《马克思恩格斯选集》第二卷,人民出版社1972年版,第447页。

② 《马克思恩格斯全集》第四十二卷,人民出版社1979年版,第419页。

③ 《马克思恩格斯文集》第二卷,人民出版社2009年版,第39页。

④ 《马克思恩格斯文集》第二卷,人民出版社2009年版,第41页。

⑤ 《马克思恩格斯文集》第二卷,人民出版社2009年版,第41页。

此,马克思恩格斯在给奥古斯特·倍倍尔、威廉·李卜克内西、威廉·白拉克等人的通告信中,提出了非无产阶级出身的人加入党组织的两种情况。"第一,要对无产阶级运动有益处,这些人必须带来真正的启蒙因素。"①这表明马克思恩格斯要求加入者必须具有较高的文化水平,能够真正地掌握正确的科学理论,推动运动前进发展。"第二,如果其他阶级中的这种人参加无产阶级运动,那末首先就要要求他们不要把资产阶级、小资产阶级等的偏见的任何残余带进来,而要无条件地掌握无产阶级世界观。"②马克思恩格斯认为,同满脑子都是资产阶级和小资产阶级观念的"冒牌货"决裂,只是个时间问题,绝对不能容忍这样的人留在党的队伍中,否则"那就是说党简直是受了阉割,再没有无产阶级的锐气了"③。

当然,为了保证各组织和各支部的无产阶级性质,马克思恩格斯对其组成和权力也作了严格要求。他们积极同德国、俄国、美国等多国联合会和支部领导人进行了广泛而又密切的书信联系,并且还在多次代表大会和代表会议上集中探讨了如何确保国际政党的无产阶级性质等相关问题,要求加强总委员会的权力,采取各种有效措施,从组织上保证无产阶级成分,清除资产阶级和小资产阶级在国际内部的影响。例如,《国际工人协会共同章程》第九条关于会员资格修改为"为了保证协会的无产阶级性质,每一个支部都必须由至少三分之二的雇佣工人组成"④,在组织条例中,还规定"总委员会也有权将国际的分部、支部、联合会委员会及联合会暂时开除,直到应届代表大会为止"⑤。这一系列措施和要求,严厉地打击了钻进各国支部内部的改良主义者、无政府主义者、资产阶级和小资产阶级,有力地保证了各国支部和国际内部的无产阶级成分。

---

① 《马克思恩格斯全集》第三十四卷,人民出版社 1972 年版,第 382 页。
② 《马克思恩格斯全集》第三十四卷,人民出版社 1972 年版,第 383 页。
③ 《马克思恩格斯全集》第三十四卷,人民出版社 1972 年版,第 383 页。
④ 《马克思恩格斯全集》第四十四卷,人民出版社 1982 年版,第 577 页。
⑤ 《马克思恩格斯全集》第四十四卷,人民出版社 1982 年版,第 580 页。

2.列宁关于保持无产阶级政党纯洁性的理论

在长期的革命斗争和建党实践中,列宁以马克思恩格斯关于保持无产阶级政党的纯洁性理论为基础,结合俄国当时的历史和现实情况,提出了一系列关于保持无产阶级政党纯洁性的理论和措施。这些理论和措施不仅保证了布尔什维克党成功夺取政权,还为执政后的布尔什维克党保持自身纯洁性提供了保障,巩固了无产阶级政权,推动了苏维埃事业的进步。

(1)以先进理论为指南的党,才能发挥先进战士的作用

19世纪末至20世纪初,俄国社会矛盾纷繁复杂,人民群众和沙皇统治、农民和地主、无产阶级和资产阶级的斗争日益激烈。在这种情况下,列宁深刻地揭露了无产阶级政党的思想不统一的问题,并指出"必须做到巩固的思想一致,排除意见分歧和思想混乱"[1],坚持马克思主义理论不动摇,防止思想混乱和成员意见倒戈相向。同时,列宁提出还要发挥党报的作用,公开向那些遭受封建政治和资产阶级经济压迫的广大群众宣传马克思主义,并且通过党报这个宣传平台进行理论总结和反思,只有这样,我们才能确保马克思主义理论的纯洁性和先进性。

十月革命胜利后,面对执政环境的变化和经济政策的调整,党内个别成员存在骄傲自满、不思进取的情况,甚至动摇了党员的初心;个别成员理论修养不足,对无产阶级政党的党章和宗旨知之甚少。更为严重的是,还有个别反马克思主义者混进党内。为此,列宁极其重视党的思想理论建设,他强调"没有革命的理论,就不会有革命的运动"[2],"只有以先进理论为指南的党,才能实现先进战士的作用"[3]。无产阶级政党必须坚持以马克思主义为指南,坚持全心全意为人民服务的宗旨,加强马克思主义的学习和教育工作,进一步提高无产阶级政党成员的理论水平和理论修养,进一步提高党员的党性修养,保持党员的思想纯洁。

---

[1] 《列宁全集》第四卷,人民出版社2013年版,第316页。
[2] 《列宁全集》第六卷,人民出版社2013年版,第23页。
[3] 《列宁全集》第六卷,人民出版社2013年版,第24页。

(2)建立一个使政治斗争更有力量,具有稳定性和继承性的革命家组织

一个政党的成员成分和成员质量关系这个政党的纯洁性建设,关系这个政党能走多远。对于如何加强无产阶级政党组织的纯洁性建设,列宁认为既要严把入口,制定严格的入党标准,防止思想错误的人蒙混进入组织,也要定期考核党内成员,定期清除思想滑坡和信仰坍塌的不合格党员。

严格控制党员入口,选拔合格党员。列宁曾说,"宁要好梨一个,不要烂梨一筐。宁要两三个积极肯干和忠心耿耿的人,不要十个暮气沉沉的人"①,"我们应该遵守一条准则:宁可数量少些,但要质量高些"②。1920 年 4 月,列宁在俄共(布)第九次代表大会闭幕会上指出,我们党已经由革命党转变为执政党,即将掌握全国政权,新加入的成员也将就职政府机构,成为国家的管理者,为广大人民群众提供服务,这个时候就更加需要注意新成员的接受和考核,要"防止坏分子,防止那些旧资本主义的渣滓钻进和混入执政党里来"③。因此,列宁要求根据不同历史时期的社会现状和组织情况,设定符合当时实际的入党申请标准和规范的入党流程,要把真正信仰马克思主义、真正认可无产阶级政党的党章和宗旨、真正愿意为了共产主义事业奋斗终身的人吸收进党组织。

高标准审核新党员,加大考核力度。针对新接收的党员思想理论修养和政治水平不高、党员队伍水平参差不齐的状况,列宁提出:"我极力主张必须延长预备期,同时责成组织局拟定一些条例并严格执行,这些条例应能真正使预备期成为极其严肃认真的考验,而不致流于形式。"④1922 年,列宁在写给维·米·莫洛托夫的三封信中,提到了关于接收新党员的条件,再三强调了"延长新党员的预备期是极端重要的"⑤。在第一封信中,列宁针对介绍不同身份的人入党,规定介绍人要有相对应的党龄,说"依我看,介绍工人入党的要有三年党

---

① 《列宁全集》第四十四卷,人民出版社 1990 年版,第 308 页。
② 《列宁全集》第四十三卷,人民出版社 1987 年版,第 380 页。
③ 《列宁全集》第三十八卷,人民出版社 1986 年版,第 311 页。
④ 《列宁全集》第四十三卷,人民出版社 1987 年版,第 18 页。
⑤ 《列宁全集》第四十三卷,人民出版社 1987 年版,第 17 页。

龄,介绍农民和红军战士的要有四年,介绍其他人的是五年","预备期('入党者'?)的概念要规定得准确一些"。① 在第二封信中,列宁提出要延长新党员的预备期,因为在短的预备期中,不能全面地考验出他们是否是合格的共产党员。他建议:"只有在大工业企业实际做工不下十年的工人,预备期方得为半年。其他工人规定为一年半,农民和红军士兵规定为两年,其他各种人为三年。特殊的例外,须经中央委员会和中央监察委员会共同批准。"②在最后一封信中,列宁通过分析当时党内成员的成分、政党所处的环境以及党内所存在的问题,再次强调了要延长各种预备期,并使预备期真正起到作用而不致流于形式。

清除党内不合格党员,保持队伍纯洁。无论是新成员的思想不合格还是老成员的思想滑坡,都会影响党员队伍的纯洁性,都会对无产阶级政党产生重大的负面影响。面对不合格的党员,列宁曾说过,"徒有其名的党员,就是白给,我们也不要。世界上只有我们这样的执政党,即革命工人阶级的党,才不追求党员数量的增加,而注意党员质量的提高和清洗'混进党里来的人'"③。尤其是十月革命取得胜利后,无产阶级政党的地位发生了根本变化,俄国也开始实行新经济政策。为了抵制小资产阶级和无政府主义对无产阶级和无产阶级政党的侵蚀和渗透,列宁认为"清党显然已经发展成为一项关系重大和极其重要的工作了"④,强调"必须把欺骗分子、官僚化分子、不忠诚分子和不坚定的共产党员以及虽然'改头换面'但内心依然故我的孟什维克从党内清除出去"⑤,把无产阶级政党建设成为真正纯洁的工人先锋队,使其成为真正为人民服务的政党。随后,他亲自领导布尔什维克党进行了清党工作,并在工作中指出,要特别重视非党普通工农群众的意见和评价,因为他认为"在评价人的时候,在揭露'混进党的'、'摆委员架子的'、'官僚化的'人的时候,非党无产阶级群众的意

① 《列宁全集》第四十三卷,人民出版社1987年版,第16页。
② 《列宁全集》第四十三卷,人民出版社1987年版,第17页。
③ 《列宁全集》第三十七卷,人民出版社1986年版,第215页。
④ 《列宁选集》第四卷,人民出版社1995年版,第560页。
⑤ 《列宁选集》第四卷,人民出版社1995年版,第562页。

见以及在许多场合下非党农民群众的意见是极其宝贵的。劳动群众非常敏感，很会识别谁是忠诚老实的共产党员，谁是那些靠辛勤劳动过活、没有任何特权、根本不会'讨好领导'的人所厌恶的共产党员"①。

(3)监督是使共产主义社会正常运转所必需的条件

保持一个政党和党内成员的纯洁性，仅仅靠党员自我约束和加强思想教育是不够的，还必须制定相关的准则政策，对其加强监督管理。正如列宁所认为的，"要使无产阶级能够正确地、有效地、胜利地发挥自己的组织作用(而这正是它的主要作用)，无产阶级政党的内部就必须实行极严格的集中和极严格的纪律"②。因此，列宁在加强对党员的监督管理方面提出了许多积极有效的建议和配套措施。

制定严格的纪律，加强党内党外监督。加强无产阶级政党的党内纪律管理和党外人民群众监督，对保持无产阶级政党纯洁性具有重要的作用。列宁在总结布尔什维克党成功的原因时曾说："大概，现在差不多每个人都能看出，如果我们党没有极严格的真正铁的纪律，如果我们党没有得到整个工人阶级全心全意的拥护……那么布尔什维克别说把政权保持两年半，就是两个半月也保持不住。"③列宁还曾多次强调无产阶级实现无条件的集中和极严格的纪律是布尔什维克党成功的基本条件之一。此外，列宁在《全俄工兵代表苏维埃第二次代表大会文献》中指出："一个国家的力量在于群众的觉悟。只有当群众知道一切，能判断一切，并自觉地从事一切的时候，国家才有力量。"④在革命胜利之初，为了保持布尔什维克党的纯洁性和巩固苏维埃政府政权，列宁提出要把政党组织、工作人员和政府机构置于苏联广大人民群众的监督之下，并制定了一系列相关措施。比如，建立社会主义工会制度、非党工农代表会议制度、人民群众来信来访制度，同时还成立了工农检察院等。这一系列措施虽然都有一定的

① 《列宁选集》第四卷，人民出版社1995年版，第560—561页。
② 《列宁选集》第四卷，人民出版社1995年版，第154页。
③ 《列宁选集》第四卷，人民出版社1995年版，第134—135页。
④ 《列宁选集》第三卷，人民出版社1995年版，第347页。

局限性,但在当时对保持无产阶级政党的纯洁性起到了重要作用,对现在的群众监督制度也具有重要的理论借鉴意义。

杜绝腐败,防止党员贪污受贿。十月革命胜利后,列宁不止一次地在公开场合表示,贪污腐败现象会破坏无产阶级政党的纯洁性,会给政党执政带来巨大危险。他也严厉警告全党,只要有贪污受贿的可能,就谈不上政治,因为一切措施都会落空。列宁向司法人员提出:"必须雷厉风行地立即提出一项法令草案,规定对行贿受贿者(受贿、行贿、为行贿受贿拉线搭桥或有诸如此类行为者)应判处 10 年的徒刑,外加强迫劳动 10 年。"①此外,列宁认为对党员贪污腐败的处理应比对非党员严格得多,惩罚力度要比对非党员的严厉三四倍。同时,他还要求"通告司法人民委员部(抄送各省党委),法庭对党员的惩处必须严于非党员。凡不执行此项规定的人民审判员和司法人民委员部部务委员应予撤销职务"②。只有这样,才能向党员和人民群众表明无产阶级政党不容贪污腐败的决心,才能及时有效抑制机关内的腐败现象,同时提高党的威信,保持无产阶级政党的纯洁性。

(二) 中国共产党人关于无产阶级政党纯洁性的理论

中国共产党作为马克思主义政党,在中国革命、建设、改革各个历史时期,始终把党的纯洁性作为党的建设的根本问题和重要目标,这成为中国共产党永葆纯洁品质、不忘初心使命的重要基础。

1. 以毛泽东同志为主要代表的中国共产党人关于党的纯洁性的理论

毛泽东在领导中国革命和建设过程中对保持中国共产党的纯洁性进行了艰辛的探索。早在 1939 年,毛泽东在党内刊物《共产党人》发刊词中就写道:

---

① 《列宁全集》第四十八卷,人民出版社 1987 年版,第 138 页。
② 《列宁全集》第四十三卷,人民出版社 1987 年版,第 53 页。

"建设一个全国范围的、广大群众性的、思想上政治上组织上完全巩固的布尔什维克化的中国共产党。"①随着革命和建设的不断推进,毛泽东关于党的纯洁性的理论也在不断发展和丰富,在不同的社会状况和历史条件下,毛泽东关于党的纯洁性的系统理论逐渐形成了。

(1)坚持以马克思主义理论中的纯洁性思想为指导

毛泽东尤其重视从思想上建党,始终强调要把思想理论建设放在党的建设的首位。一是全党上下必须学习马克思主义的理论。毛泽东认为,如果"不重视学习理论,天天搞事务,一定要迷失方向"②。早在1929年的古田会议上,毛泽东就首次确立了"思想建党"的基本原则,要求用马克思主义理论统一党内思想,加强对党员的思想教育,推动党员思想政治化、科学化。1938年10月,毛泽东在党的六届六中全会上提出:"普遍地深入地研究马克思列宁主义的理论的任务,对于我们,是一个亟待解决并须着重地致力才能解决的大问题。"③正是在毛泽东的重视、提倡和推动下,党内逐渐形成了认真学习和研究马克思主义理论的良好风气,不仅大大提高了全党的马克思主义水平,还使广大党员和党员干部坚定了对马克思主义理论、中国革命和建设道路的信仰。二是坚持用马克思主义理论武装全党,确保所有党员真正从思想上入党。只有在将马克思主义理论作为指导的前提下,在理论上把问题的实质搞明白了,坚定了自己的政治立场,才能结合理论去深入调查了解中国的基本国情,总结革命和建设经验,然后将这些经验系统化、科学化,从而制定出符合中国发展需求的正确的科学的路线和方针政策,而不至于在领导决策中左右摇摆。在延安整风运动期间,毛泽东还特意提到,"我们党内要有相当多的干部,每人读一二十本、三四十本马恩列斯的书,我们有这样丰富的经验,有这样长的斗争历史,如果读通了这些

---

① 《毛泽东选集》第二卷,人民出版社1991年版,第602页。

② 中共中央文献研究室:《建国以来重要文献选编》第十五册,中央文献出版社1997年版,第169页。

③ 《毛泽东选集》第二卷,人民出版社1991年版,第533页。

马恩列斯的著作,我们党就武装起来了,我们党的水平就大大提高了"①。

实现党内思想的统一,还要消除党内外其他错误思想的影响,同非马克思主义思想作斗争。在革命时期,随着革命形势的发展和革命队伍的扩大,共产党吸收了大量农民和其他小资产阶级出身的同志。一时间,各种小农思想和小资产阶级思想不可避免地会反映到党内来,比如自私、散漫、个人主义等。毛泽东认为,"有许多党员,在组织上入了党,思想上并没有完全入党,甚至完全没有入党。这种思想上没有入党的人,头脑里还装着许多剥削阶级的脏东西,根本不知道什么是无产阶级思想,什么是共产主义,什么是党"②。尤其是在新民主主义革命时期,党内无产阶级思想和非无产阶级思想之间的矛盾成为党内思想上的主要矛盾。对于一个共产党员而言,必须保持思想上彻底地入党,才能真正发挥共产党员的作用。据此,毛泽东提出在党内"首先需要在思想上整顿,需要展开一个无产阶级对非无产阶级的思想斗争"③,纠正党内的错误思想,防止党内各种"左"倾、右倾错误思想的侵蚀,为抗战的胜利提供思想上的保障。在新中国成立前夕,面对党内骄傲自满、贪图享乐、以功臣自居、停下脚步歇一歇的思想,毛泽东敏锐地指出,"资产阶级的捧场则可能征服我们队伍中的意志薄弱者"④。毛泽东要求我们必须提防这种情况,用批评和自我批评这个马克思列宁主义的武器,继续保持谦虚谨慎、戒骄戒躁、艰苦奋斗,消除错误思想,保持正确思想。

(2)建立一支布尔什维克化的纯洁性组织

严格控制党组织的出入口,汰劣留良。党员是构成党组织的细胞,党员质量的好坏直接关系党组织的纯洁性状况。在新民主主义革命初期,"党的组织扩大,完全只注意数量的发展,没有注意质量上的加强。党和阶级没有弄清楚,

---

① 龚育之、逢先知、石仲泉:《毛泽东的读书生活》,三联书店 2009 年版,第 28 页。

② 《毛泽东选集》第三卷,人民出版社 1991 年版,第 875 页。

③ 《毛泽东选集》第三卷,人民出版社 1991 年版,第 875 页。

④ 《毛泽东选集》第四卷,人民出版社 1991 年版,第 1438 页。

而只是拉夫式的吸收办法"①。直到1927年大革命失败,我们党才真正认识到组织纯洁的重要性,认识到要加强党组织纯洁性建设,尤其要严格把控党组织的入口关和出口关,吸收政治觉悟高、忠于党和革命事业、全心全意为人民服务的高质量党员,淘汰投机分子和腐败分子等不合格党员。比如,1929年的井冈山整党运动就是大革命失败后处于幼年时期的党所开展的侧重于对党组织的清洗和整顿的一次运动。当时,针对许多投机分子混入党内造成党组织诸多隐患的情况,毛泽东和特委决定,"九月以后,厉行洗党,对于党员成分加以严格的限制"②。解散、清洗党组织,对党员重新登记等一系列有效而坚决的措施,使得"党员数量大为减少,战斗力反而增加"③。这次整党运动不但纯洁了党的组织队伍,还大大提高了党的战斗力,为中国革命的胜利奠定了一定的基础。新中国成立后,毛泽东针对党组织中出现的新问题,多次在全党开展整党整风运动,为保证新中国成立后的党组织纯洁作出了巨大的贡献。

坚持民主集中制,从制度上保证党组织的纯洁性。民主集中制是中国共产党的根本组织原则,毛泽东多次强调要在全党坚持实行民主集中制,把民主和集中辩证地结合起来。我们既要坚持民主基础上的集中,又要坚持集中指导下的民主。在抗日战争时期,毛泽东就指出,"民主和集中之间,并没有不可越过的深沟,对于中国,二者都是必需的"④。一方面,不能只讲集中,不讲民主。这样就会造成决策上的独断专行,普通党员有问题不能问、有意见不能提,逐渐形成官僚主义、命令主义等各种组织不纯的问题,从而严重影响大家的积极性和主动性,使党和国家失去生机和活力。另一方面,也不能只讲民主,不讲集中。没有集中,党员想怎么做就怎么做,绝对自由,没有统一意志和统一行动,长此以往,党内极端民主化等另一种组织不纯问题也会滋生蔓延。对此,毛泽东提

---

① 中共中央文献研究室、中央档案馆:《建党以来重要文献选编(1921~1949)》第五册,中央文献出版社2011版,第632页。

② 《毛泽东选集》第一卷,人民出版社1991年版,第75页。

③ 《毛泽东选集》第一卷,人民出版社1991年版,第75页。

④ 《毛泽东选集》第二卷,人民出版社1991年版,第383页。

出,"在组织上,厉行集中指导下的民主生活"①。1954 年,中国共产党领导制定的第一部社会主义类型的宪法规定:"全国人民代表大会、地方各级人民代表大会和其他国家机关,一律实行民主集中制。"1957 年,毛泽东指出,"要造成'又有集中又有民主,又有纪律又有自由,又有统一意志、又有个人心情舒畅、生动活泼',那样一种政治局面"②,这样不仅可以极大发挥全党的积极性,推动党内民主及国家政治生活健康发展,还有利于保持党组织的纯洁性,使党经受住各种风险考验,推动社会主义革命和社会主义建设顺利向前发展。1962 年,毛泽东深刻地指出,"没有民主集中制,无产阶级专政不可能巩固"③。在长期的革命和社会主义建设的实践中,毛泽东创造性地践行了民主集中制,形成了中国共产党的优良传统,并使民主集中制最终成为中国共产党的根本组织原则。

(3)抵制党内歪风邪风,坚守党的优良作风

毛泽东曾多次强调,端正党风是我们党取得胜利的重要保证。在抗日战争时期,中国共产党受到王明"左"倾教条主义错误和右倾错误的影响以及国际共产主义的错误指示,党内思想出现混乱,再加上党内还存在党风、文风和学风不正等问题,为此,毛泽东在 1942 年发动了延安整风运动。毛泽东在《整顿党的作风》的报告中首次正式提出了"党风"的概念,认为"我们要完成打倒敌人的任务,必须完成这个整顿党内作风的任务","学风和文风也都是党的作风,都是党风","反对主观主义以整顿学风,反对宗派主义以整顿党风,反对党八股以整顿文风,这就是我们的任务"。④ 这次大规模的整风运动,不仅保证了全党的纯洁性,还团结了全体党员,提高了中国共产党的凝聚力。此后,针对在不同时期存在的作风问题,我们党开展了多次整党整风运动,如 1946 年到 1949 年的土地改革和整党运动,1950 年到 1954 年的新中国成立初期的整风整党运动等。这些运动的开展,为当时保持政党的纯洁性奠定了基础。

---

① 《毛泽东选集》第一卷,人民出版社 1991 年版,第 89 页。
② 《毛泽东文集》第八卷,人民出版社 1999 年版,第 293 页。
③ 《毛泽东文集》第八卷,人民出版社 1999 年版,第 297 页。
④ 《毛泽东选集》第三卷,人民出版社 1991 年版,第 812 页。

要保持中国共产党的纯洁性,必须发扬党的优良作风,坚持两个"务必"。1945 年 4 月党的七大上,毛泽东在《论联合政府》的报告中首次明确指出:"以马克思列宁主义的理论思想武装起来的中国共产党,在中国人民中产生了新的工作作风,这主要的就是理论和实践相结合的作风,和人民群众紧密地联系在一起的作风以及自我批评的作风。"①他还把党的三大优良作风当作是区别于一切剥削阶级政党的标志,当作是党纯洁性建设的重要方向。党的三大优良作风虽然侧重点不同,但是三者有着密切的关系,相辅相成,共同作用于中国共产党的作风建设。1949 年 3 月新中国成立前夕,为了让胜利后的中国共产党继续保持作风上的纯洁性,毛泽东在党的七届二中全会上向广大党员提出了"两个务必"的要求,即"务必使同志们继续地保持谦虚、谨慎、不骄、不躁的作风,务必使同志们继续地保持艰苦奋斗的作风"②。从此,理论联系实际、密切联系群众、批评和自我批评以及艰苦奋斗等成为我们党的光荣传统和优良作风,这对保持各个时期的党的作风纯洁具有重要意义。2021 年,习近平重点强调"党要得到人民群众支持和拥护,就必须持之以恒发扬党的光荣传统和优良作风"③。

2. 以邓小平同志为主要代表的中国共产党人关于党的纯洁性的理论

改革开放以来,加强党的自身建设是中国共产党的时代课题。邓小平认为,"中国要出问题,还是出在共产党内部"④。以邓小平同志为核心的党的第二代中央领导集体总结"文化大革命"的经验教训,围绕改革开放新的历史条件下进行的党的纯洁性建设,提出了一系列关于党的纯洁性建设的理论。

(1)拨乱反正,保证思想统一

早在 1956 年,邓小平就在《关于修改党的章程的报告》中明确指出:"党是

---

① 《毛泽东选集》第三卷,人民出版社 1991 年版,第 1093—1094 页。

② 《毛泽东选集》第四卷,人民出版社 1991 年版,第 1438—1439 页。

③ 《习近平在中央党校(国家行政学院)中青年干部培训班开班式上发表重要讲话强调立志做党光荣传统和优良作风的忠实传人 在新时代新征程中奋勇争先建功立业》,《人民日报》2021 年 3 月 2 日。

④ 《邓小平文选》第三卷,人民出版社 1993 年版,第 380 页。

思想一致的组织,党员的思想一致是党的团结和统一的基础。"①改革开放后,面对"文化大革命"的思想遗留问题和经济新发展时期的现实问题,邓小平指出:"把我们党建设成为有战斗力的马克思主义政党。"②

"文化大革命"结束之后,中国处在重大历史关头,党和国家事业都亟待恢复发展,党内思想的拨乱反正也被正式提上议程,"解放思想,实事求是"的思想路线成为时代所需、现实所需。如何解放思想,实事求是?一是坚持以马克思主义理论为指导,让广大党员坚持学习马克思主义理论,并且坚持用发展的观点看待马克思主义,积极推动马克思主义理论与中国国情和具体实际相结合,从而保持党内成员思想理论的纯洁性和先进性,并为站在新的历史关头的中国共产党提供正确的理论指导。二是要走出禁锢思想的误区,推动思想和理论的大解放。1978 年,邓小平积极推动真理标准问题大讨论,他认为真理问题只是最基本的,如果不解放思想,不确定思想路线,党的一切事业也就无从谈起。随后,邓小平在多个重要场合公开批评"两个凡是"方针,认为"两个凡是"方针"这样搞下去,要损害毛泽东思想。毛泽东思想的基本点是实事求是"③。1978年 12 月,邓小平在中央工作会议上发表了《解放思想,实事求是,团结一致向前看》的重要讲话,讲到"只有思想解放了,我们才能正确地以马列主义、毛泽东思想为指导,解决过去遗留的问题,解决新出现的一系列问题,正确地改革同生产力迅速发展不相适应的生产关系和上层建筑,根据我国的实际情况,确定实现四个现代化的具体道路、方针、方法和措施"④。最终,在同年 12 月召开的党的十一届三中全会上,中国共产党正式重新确立了"解放思想,实事求是"的思想路线。

保持全党思想的一致,必须坚持四项基本原则。改革开放之初,随着"解放思想,实事求是"思想路线的逐步确立,党内思想统一工作取得了很大的进步,

---

① 《邓小平文选》第一卷,人民出版社 1994 年版,第 248 页。
② 《邓小平文选》第三卷,人民出版社 1993 年版,第 39 页。
③ 《邓小平文选》第二卷,人民出版社 1994 年版,第 126 页。
④ 《邓小平文选》第二卷,人民出版社 1994 年版,第 141 页。

但还存在一些问题。比如,有的人不能摆脱长期束缚头脑的"左"的错误,思想仍处于僵化或者半僵化状态,更有甚者,利用各种机会宣扬无政府主义和资产阶级自由化的主张,反对社会主义制度,反对共产党的领导,反对无产阶级专政,反对毛泽东思想的指导地位。以上两股错误思潮互相激荡、互相影响,成为保持党内思想纯洁性的重要挑战。为此,1979 年 3 月邓小平在党中央召开的理论务虚会上指出:"我们要在中国实现四个现代化,必须在思想政治上坚持四项基本原则,这是实现四个现代化的根本前提。这四项是:第一,必须坚持社会主义道路;第二,必须坚持无产阶级专政;第三,必须坚持共产党的领导;第四,必须坚持马列主义、毛泽东思想。"①邓小平还指出,我们不但要坚持四项基本原则,还要继续同怀疑四项基本原则的思潮作斗争,坚决抵制各种形式的错误思潮的影响。邓小平关于必须坚持四项基本原则的讲话,对党和国家的政治生活和党内思想纯洁性建设具有重大意义。

(2)加强党员干部队伍建设,严格治党管党

改革开放以来,随着共产党执政环境的发展变化,我们对党员的质量要求不断提高。邓小平在《关于修改党的章程的报告》中提出,必须要以更加严格的标准要求党员、对党员和入党积极分子进行深入的教育、提高入党条件和门槛。邓小平指出:"选干部,标准有好多条,主要是两条,一条是拥护三中全会的政治路线和思想路线,一条是讲党性,不搞派性。"②同时,邓小平还强调选拔干部要坚持"四化"方针,即在坚持社会主义制度和党的领导的前提下,"干部队伍要年轻化、知识化、专业化,并且要把对于这种干部的提拔使用制度化"③。邓小平也曾多次在会议和公开场合强调选拔和培养党员干部要坚持"四化"方针,只有这样,才能选拔出真正德才兼备、有党性、一心一意为人民服务的干部,为保持党内思想纯洁性提供坚实的保障。

---

① 《邓小平文选》第二卷,人民出版社 1994 年版,第 164 页。
② 《邓小平文选》第二卷,人民出版社 1994 年版,第 192 页。
③ 《邓小平文选》第二卷,人民出版社 1994 年版,第 326 页。

"要坚持和改善党的领导,必须严格地维护党的纪律,极大地加强纪律性。"①即使有再多优秀的领导干部,没有严格的纪律加以约束的话,党内工作也很难科学有序地展开,党内也不可能会有真正的纯洁。纪律和自由是对立统一的关系,两者不可分割,缺一不可。正如邓小平在总结"文化大革命"的沉痛教训时所说:"由于纪律废弛,许多党员可以自行其是,对党的路线、方针、政策,党的决定,党规定的任务,可以不执行或不完全执行。一个党如果允许它的党员完全按个人的意愿自由发表言论,自由行动,这个党当然就不可能有统一的意志,不可能有战斗力,党的任务就不可能顺利实现。"②此外,针对在经济改革中出现的"你有政策,我有对策"现象,邓小平强调,"遵守纪律的最高标准,是真正维护和坚决执行党的政策,国家的政策"③。因此,要推动中国特色社会主义事业健康发展,确保党始终成为中国特色社会主义事业的坚强领导核心,就必须对党员进行严格的纪律约束,以此保证党的政策和国家政策顺利实施,保持党的纯洁性。

(3)加强党的制度建设以保持党的纯洁性

"文化大革命"的惨痛教训使以邓小平为核心的党的第二代中央领导集体逐渐认识到,如果没有严格完善的制度,会使得"即使像毛泽东同志这样伟大的人物,也受到一些不好的制度的严重影响,以至于对党对国家对他个人都造成了很大的不幸"④,"领导制度、组织制度问题更带有根本性、全局性、稳定性和长期性。这种制度问题,关系到党和国家是否改变颜色,必须引起全党的高度重视"⑤。党的十三大明确提出"在党的建设上走出一条不搞政治运动,而靠改革和制度建设的新路子"⑥的要求,逐步取代了以整党运动保持党的纯洁性的

---

① 《邓小平文选》第二卷,人民出版社 1994 年版,第 271 页。
② 《邓小平文选》第二卷,人民出版社 1994 年版,第 271 页。
③ 《邓小平文选》第三卷,人民出版社 1993 年版,第 112 页。
④ 《邓小平文选》第二卷,人民出版社 1994 年版,第 333 页。
⑤ 《邓小平文选》第二卷,人民出版社 1994 年版,第 333 页。
⑥ 中共中央文献研究室:《十三大以来重要文献选编》上,人民出版社 1991 年版,第 54 页。

传统模式,从根本上加强了党在思想、组织、作风上的纯洁性建设。

1980 年 8 月 18 日,邓小平在中央政治局扩大会议上作了《党和国家领导制度的改革》的报告,深刻分析了党内还存在的诸多问题,主要包括"官僚主义现象,权力过分集中的现象,家长制现象,干部领导职务终身制现象和形形色色的特权现象"①以及封建主义和资产阶级残留思想,并深刻指出了加强党的制度建设的重要性和迫切性,由此制定了一系列加强党的制度建设的方针政策,要求各级党组织和党员按党章办事,严格遵守宪法和法律,健全党的各级代表大会制度,使党内生活制度化民主化。邓小平提出:"国要有国法,党要有党规党法。党章是最根本的党规党法。没有党规党法,国法就很难保障。各级纪律检查委员会和组织部门的任务不只是处理案件,更重要的是维护党规党法,切实把我们的党风搞好。对于违反党纪的,不管是什么人,都要执行纪律,做到功过分明,赏罚分明,伸张正气,打击邪气。"②同时,也要加强和完善党内外监督制度,把党内监督和政协民主监督、政府专门机关监督、民主党派监督、群众监督、司法监督、舆论监督等结合起来,形成强有力的监督体系,使权力运行更加公开透明,不断提高党的纯洁性。

3. 以江泽民同志为主要代表的中国共产党人关于党的纯洁性的理论

党的十三届四中全会以后,面对世情国情党情的新变化,以江泽民同志为主要代表的中国共产党人,针对党内纯洁性建设出现的新问题和新情况,告诫全党要坚持党要管党、从严治党的方针,"不断提高党的领导水平和执政水平、提高拒腐防变和抵御风险的能力"③,保证党的纯洁。

(1)学习重要思想,加强党性教育,保持党的思想纯洁

保持党的思想纯洁,首先要加强马克思主义理论的学习。20 世纪 80 年代末 90 年代初,随着改革开放和社会主义市场经济的不断发展,资产阶级自由化

---

① 《邓小平文选》第二卷,人民出版社 1994 年版,第 327 页。
② 《邓小平文选》第二卷,人民出版社 1994 年版,第 147 页。
③ 《江泽民文选》第二卷,人民出版社 2006 年版,第 497 页。

思潮逐渐出现,国内外敌对势力在政治、思想和文化等领域加紧对我国进行渗透、颠覆,他们丑化党的领导和党的历史,攻击马列主义,造成了党内和社会上出现了思想混乱问题。在这种情况下,江泽民指出:"只有大力提高全党的马克思主义理论水平,才能在错综复杂的矛盾和斗争中驾驭全局,掌握主动权;才能更好地坚持实事求是的思想路线,避免犯'左'的或右的错误;才能不断总结群众创造的新鲜经验,作出新的理论概括,把现代化建设和改革开放胜利地推向前进。"①江泽民还强调,"越是经济建设和日常事务繁忙的时候,越要学习马列主义、毛泽东思想,越要关心政治,关心人的思想和精神状态"②,"要真正把我们党建设成为理论上更加成熟、思想上更加统一、政治上更加坚强、内部更加团结、同群众的关系更加亲密的党,就必须从现在起,下决心加强马克思主义建党理论的学习、研究和宣传工作"③。

保持党的思想纯洁,要开展系统性、制度化的党内思想教育活动。从 1989 年到 2002 年,以江泽民同志为核心的党的第三代中央领导集体开展了四次大规模的党内思想教育活动。第一次是 1994 年党的十四届四中全会作出决定用三年时间在全体党员中有计划有步骤地开展以学习邓小平理论和学习党章为主要内容的"双学"活动,提高全党的马克思主义水平。第二次是 1998 年在县级及以上党政领导干部班子和领导干部中开展了以"讲学习、讲政治、讲正气"为主要内容的党性党风教育,全面提高各级领导班子的素质,增强他们党性锻炼的自觉性。第三次是 2000 年 2 月江泽民提出在广大干部群众中开展以"致富思源、富而思进"为主要内容的"双思"教育活动,引导人们了解改革开放以来我国取得的巨大成就及其根本原因,调动广大干部群众投身社会主义现代化建设的主动性、积极性和创造性。第四次是 2000 年 11 月中共中央办公厅发布了《关于在农村开展"三个代表"重要思想学习教育活动的意见》,在全国县(市)部门、乡镇、村领导班子和基层干部中有计划、有步骤地开展"三个代表"重要思

---

① 江泽民:《论党的建设》,中央文献出版社 2001 年版,第 33 页。
② 江泽民:《论党的建设》,中央文献出版社 2001 年版,第 28 页。
③ 《江泽民文选》第一卷,人民出版社 2006 年版,第 103 页。

想学习教育活动,进一步提高农村基层干部素质和基层组织建设水平,推动全党深入贯彻党要管党、从严治党的方针,推进党的建设新的伟大工程。

(2)做到"八个坚持、八个反对",纯洁党的作风

党的作风是党的形象,是党的性质、宗旨、纲领、路线的重要体现。江泽民指出:"贯彻党的理论路线方针要有好的党风,完成新世纪的三个历史任务要有好的党风,巩固党与人民群众的血肉联系要有好的党风,带动全社会形成和保持良好的风气要有好的党风。"①如果作风不正了,党的形象也好不了,必然脱离群众、脱离实际。因此党必须抓住、抓好作风建设,"抓住作风建设,就抓住了新形势下全面推进党的建设一个十分重要的环节,抓住了提高党的领导水平和执政水平、提高拒腐防变和抵御风险能力的一个十分重要的切入点"②。

2001年9月,为保持党风纯洁,中国共产党召开了党的十五届六中全会,专门审议通过了《中共中央关于加强和改进党的作风建设的决定》(以下简称《决定》)。《决定》提出了加强和改进党的作风建设的指导思想和总体要求,即坚持马克思列宁主义、毛泽东思想、邓小平理论的指导,按照"三个代表"重要思想,紧紧围绕经济建设这个中心和改革发展稳定的大局,坚持党要管党、从严治党,以进一步密切党同人民群众的联系为核心,以保持党的先进性、纯洁性和增强党的创造力、凝聚力、战斗力为目标,发扬优良传统,加强思想教育,推进制度建设,解决突出问题,努力把党的作风建设提高到一个新的水平。《决定》还针对目前党的作风建设中存在的突出问题,从思想、制度、政治和纪律等方面对新形势下加强和改进党的作风建设提出了具体和全面的要求,要求全体党员特别是领导干部要做到"坚持解放思想、实事求是,反对因循守旧、不思进取;坚持理论联系实际,反对照抄照搬、本本主义;坚持密切联系群众,反对形式主义、官僚主义;坚持民主集中制原则,反对独断专行、软弱涣散;坚持党的纪律,反对自由主义;坚持清正廉洁,反对以权谋私;坚持艰苦奋斗,反对享乐主义;坚持任人唯

---

① 江泽民:《论党的建设》,中央文献出版社2001年版,第534—535页。
② 江泽民:《论党的建设》,中央文献出版社2001年版,第531页。

贤,反对用人上的不正之风"①。这"八个坚持、八个反对"是对党的优良传统和作风的继承和发扬,也是党在新的实践基础上的创新和发展。

(3)锲而不舍狠抓反腐败,纯洁党的组织

"腐败现象是侵入党和国家机关健康肌体的病毒。如果我们掉以轻心,任其泛滥,就会葬送我们的党,葬送我们的人民政权,葬送我们的社会主义现代化大业。"②江泽民强调,我们党的路线是正确的,党的主流是好的,但是党和国家机关内也存在小部分腐败。腐败问题一直是历届领导人高度重视的问题,尤其是作为执政党的中国共产党,必须要在改革开放和发展社会主义市场经济的环境中,注重防范各种腐朽思想和腐败作风的侵蚀,提高拒腐防变和抵御风险的能力,维护党组织的纯洁。

2000年,江泽民在中央纪委第五次全体会议上强调,要从始终保持与人民血肉联系的政治高度来看党风廉政建设和反腐败斗争,必须坚持标本兼治,教育是基础,法制是保证,监督是关键,要通过深化改革,不断铲除腐败现象滋生蔓延的土壤。一方面要从思想上筑牢拒腐防变的堤防。全党要坚持学习马列主义、毛泽东思想、邓小平理论,在改造客观世界的同时,也要改造自己的主观世界,坚定共产主义信念,坚持中国特色社会主义道路,保持和发扬艰苦奋斗精神,清正廉洁,使自己拥有高尚的精神,提高抵御腐败思想侵蚀的自觉性,从源头上保持共产党的纯洁性。每一名党员都要像江泽民所说的那样,"在改革开放和发展社会主义商品经济中,共产党员要自觉抵制资本主义腐朽思想的侵蚀,模范遵守党纪国法,在搞活经济的过程中坚持严以律己、廉洁奉公,坚决反对和抵制各种不正之风,做一名一身正气、捍卫党的原则和人民利益的忠诚战士"③。另一方面,党要在严格的制度和严明的监督管理中加强廉政建设,要经得起执政的考验。江泽民指出,"廉政建设要靠教育,更要靠法制。要切实加强

---

① 《江泽民文选》第三卷,人民出版社2006年版,第324页。

② 《江泽民文选》第一卷,人民出版社2006年版,第319页。

③ 《江泽民文选》第一卷,人民出版社2006年版,第40页。

各级党组织和纪律检察机关对党员干部的监督,加强人民群众、各民主党派和无党派人士对我们党的监督,建立健全党内和党外、自上而下和自下而上相结合的监督制度"①,同时也"要抓住最容易产生腐败问题的部位和环节,总结实践经验,严格纪律,建立和完善内部管理制度,建立和完善监督制约机制,建立和完善各项政策法规"②。我们绝不允许以权谋私、贪赃枉法的乱象玷污纯洁的共产党。

4. 以胡锦涛同志为主要代表的中国共产党人关于党的纯洁性的理论

党的十六大以后,以胡锦涛同志为总书记的党中央多次强调,党面临的"四大考验"和"四种危险"是长期的、复杂的,要充分认识保持党的纯洁性的极端重要性和紧迫性,不断增强党的意识、政治意识、危机意识、责任意识,切实做好保持党的纯洁性各项工作。胡锦涛在党的十七届中央纪委七次全会上的重要讲话中提出:"在新的形势下保持党的纯洁性,要坚持党要管党、从严治党,坚持强化思想理论武装和严格队伍管理相结合、发扬党的优良作风和加强党性修养与党性锻炼相结合、坚决惩治腐败和有效预防腐败相结合、发挥监督作用和严肃党的纪律相结合,不断增强自我净化、自我完善、自我革新、自我提高能力,始终坚持党的性质和宗旨,永葆共产党人政治本色。"③

(1)坚持强化思想理论武装和严格队伍管理相结合

强化思想理论武装是保持政党纯洁性的重中之重,是必须一以贯之的永恒主题。胡锦涛指出:"思想纯洁是马克思主义政党保持纯洁性的根本。"④要保持思想上的纯洁,就要对全体党员和干部加强思想教育和理论教育,教育引导党员和干部深入学习和践行马克思列宁主义思想、毛泽东思想、邓小平理论和"三个代表"重要思想,牢固树立辩证唯物主义和历史唯物主义的世界观和方法

---

① 《江泽民文选》第一卷,人民出版社 2006 年版,第 249 页。
② 《江泽民文选》第一卷,人民出版社 2006 年版,第 326—327 页。
③ 《胡锦涛文选》第三卷,人民出版社 2016 年版,第 579 页。
④ 《胡锦涛文选》第三卷,人民出版社 2016 年版,第 579 页。

论,自觉划清马克思主义和反马克思主义的是非界限,旗帜鲜明地抵制各种错误思想的侵蚀和毒害,提高思想政治水平,坚定理想信念,始终在思想上、政治上、行动上同党中央保持高度一致。

保持政党纯洁性,除了保持党员和干部个体思想上的纯洁性,还得保持整体队伍的纯洁性,即要从严管理政党队伍。胡锦涛说:"党的纯洁性归根到底要靠各级党组织特别是广大党员、干部的纯洁来体现和保持。"①对于党员,要重视质量,成熟一个发展一个,努力把社会各阶层各领域的优秀人才吸收到党内来;对于干部,要"坚持五湖四海、任人唯贤,坚持德才兼备、以德为先,选拔任用那些政治坚定、有真才实学、实绩突出、群众公认的干部"②,推动干部队伍合理化、科学化。此外,保持队伍纯洁,还得加强对各级党组织的管理,建立健全教育管理机制和监督管理机制,对队伍中不合格的党员和干部要按照党章和其他相关制度进行严肃处理,严格保持党的组织队伍的纯洁性。

思想理论武装和从严管理队伍相互结合、相互促进。加强思想理论教育,坚定共产主义理想信念,不仅可以使广大党员和干部向党组织靠拢,还可以吸收信仰马克思主义和共产主义的先进分子加入党组织,提高党组织质量,使党组织始终保持生机和活力。从严管理队伍,可以使得广大党员和干部在严格的组织管理制度下端正思想,主动学习科学理论知识,思想更加成熟、品德更加高尚、信念更加坚定,成为真正为人民服务的共产党员。

(2)发扬党的优良作风和加强党性修养与党性锻炼相结合

2009年,胡锦涛在党的十七届中纪委三次全会上强调:"党性是作风的内在证据,作风是党性的外在表现,作风和党性相互影响、相互作用。党性纯洁则作风端正,党性不纯则作风不正。"③广大党员和各级领导干部必须坚持不懈地加强党性修养和党性锻炼,始终保持共产党人的政治本色,发扬党的优良传统和光荣作风,树立正确的世界观、权力观和事业观,保持共产党的纯洁性。

① 《胡锦涛文选》第三卷,人民出版社2016年版,第579—580页。
② 《胡锦涛文选》第三卷,人民出版社2016年版,第580页。
③ 《胡锦涛文选》第三卷,人民出版社2016年版,第197页。

中国共产党在社会主义革命、建设和改革时期形成的优良传统和光荣作风是党的纯洁性的具体体现,也是我们党必须传承和发扬的传家宝。党的作风影响和决定着党同人民群众的关系,党同人民群众的关系反映和体现着党的作风。胡锦涛说:"高度重视群众工作,坚持人民主体地位,发挥人民首创精神,是由我们党的性质决定的,也是由我们党的根本宗旨决定的。"①随着形势的发展和变化,党员和干部队伍也不断新老交替,部分党员和干部的作风也出现了一些问题。比如,有的党员和干部群众观念淡薄,不依靠群众,甚至脱离群众,违背群众意愿;有的党员和干部群众立场不坚定,奉行个人主义,甚至见利忘义,以权谋私。因此,我们必须教育引导党员和干部坚持群众路线、树立群众观点,"坚持思想上尊重群众、感情上贴近群众、工作上依靠群众,从群众中汲取智慧和力量,始终与人民群众同呼吸、共命运、心连心"②。把实现好、维护好、发展好最广大人民的根本利益作为党和国家一切工作的出发点和落脚点,坚持权为民所用、情为民所系、利为民所谋。

同时,加强党员干部的党性修养和党性锻炼,也是保持党的纯洁性的重要手段。"党性修养是每个领导干部的终身课题"③,领导干部加强党性修养和党性锻炼就要始终站稳政治立场,着力加强宗旨意识和责任意识,坚持全心全意为人民服务的宗旨,做共产主义远大理想和中国特色社会主义共同理想的坚定信仰者和忠实践行者;树立正确的利益观和政绩观,切实把人民利益放在首位,努力作出经得起实践、人民和历史考验的实绩,切实做到立党为公、执政为民;自觉践行社会主义核心价值体系和社会主义荣辱观,坚持加强个人修养和接受教育监督相统一,树立良好道德风尚。

(3)坚决惩治腐败和有效预防腐败相结合

党的纯洁性是同一切腐败现象根本对立的。党的十七大强调,要以完善惩治和预防腐败体系为重点,加强反腐倡廉建设,这是反腐倡廉理论与实践的重

① 《胡锦涛文选》第三卷,人民出版社2016年版,第442页。
② 《胡锦涛文选》第三卷,人民出版社2016年版,第444页。
③ 《胡锦涛文选》第三卷,人民出版社2016年版,第196页。

大创新,是党的建设理论与实践的重大创新,也是共产党推进党风廉政建设和反腐败斗争必须抓好的战略任务。

对待各种贪污腐败现象,我们党的认识是清醒的、态度是坚决的、行动是果断的。正如胡锦涛所说,要"始终保持惩治腐败高压态势,坚决查处大案要案,着力解决发生在群众身边的腐败问题。不管涉及什么人,不论权力大小、职位高低,只要触犯党纪国法,都要严惩不贷"①。

反腐倡廉,预防是治本之策。在坚决惩治腐败的同时,我们要更加注重标本兼治,更加注重预防腐败,要不断铲除滋生腐败的土壤,努力减少腐败现象。一方面,要加强对党员和干部的教育。既包括党风党纪教育和党的性质宗旨教育,又包括思想教育、职业道德教育、社会公德教育和警示教育,引导党员干部坚持正确政治方向,不断提高政治鉴别力和政治敏锐性,同党中央保持高度一致,坚定党员和干部权为民所用、情为民所系、利为民所谋的决心;还要积极推进廉政文化建设,将其与社会主义精神文明建设相结合,不断增强党员、干部甚至是全社会的反腐倡廉意识,在全党和全社会形成以廉洁为荣、以贪污为耻的良好社会风气。另一方面,要建立健全相关的体制机制预防腐败。比如,要建立健全预防腐败信息系统,逐步形成信息共享机制和腐败预警机制,及时准确判断腐败现象易发多发的重点领域、重点部位、重点环节,提高科学分析和预防腐败能力;要建立健全反腐败法律制度,提高腐败成本,让广大党员和干部不想贪、不能贪、不敢贪,将腐败扼杀在摇篮中。

惩治是预防的前提条件,预防是惩治的必然要求。全面坚持标本兼治、综合治理、惩防并举、注重预防的方针,是扎实推进惩治和预防腐败体系建设的重要原则。胡锦涛在党的十七大报告中强调:"坚决惩治腐败和有效预防腐败,关系人心向背和党的生死存亡,是党必须始终抓好的重大政治任务。"②全党必须以更加坚定的信心、更加积极的态度、更加有力的措施,推进坚决惩治腐败和有

---

① 《胡锦涛文选》第三卷,人民出版社2016年版,第658页。
② 《胡锦涛文选》第三卷,人民出版社2016年版,第533页。

效预防腐败相结合,深入开展党风廉政建设和反腐败斗争,做到干部清正、政府清廉、政治清明,始终保持马克思主义政党的纯洁性。

(4)发扬监督作用和严肃党的纪律相结合

胡锦涛指出:"严格的监督和严明的纪律是防止党员干部腐化变质、维护党的纯洁性的有力保证。"①发挥监督作用,不仅要发挥党内监督的作用,还要发挥党外监督的作用。加强党内监督,一是要加强党员对党员干部的监督、党员干部对领导班子的监督、领导班子对自身内部的监督和对第一把手的监督,层层监督,让党内所有党员和所有组织都处在监督之下,防止权力滥用;二是要将党内事务公开处理,推动党内机构公开运行,让全体党员和人民群众了解和参与党内事务。加强党外监督,要发挥舆论监督的积极作用,广大党员和干部要积极自觉接受社会舆论监督,创造和拓宽方便社会媒体和群众监督的渠道,让权力在阳光下运行。

严肃党的纪律,自觉维护党的集中统一。广大党员和干部一定要严格遵守和执行党的纪律,严格遵守党章和其他党内法规,自觉按照党的组织原则和政治生活准则办事,任何人都不得凌驾于组织之上,做到纪律面前人人平等、遵守纪律没有特权、执行纪律没有例外。还要坚决维护中央权威,坚决贯彻执行党的理论和方针政策,保证中央政令畅通,决不允许"上有政策、下有对策","有令不行、有禁不止"。

严格的监督和严明的纪律是我们党治国治党、保持自身纯洁性的重要举措,两者相辅相成、缺一不可。政党的权利在严明的纪律管理规范和严格的党内外监督下,才能真正科学有效运行,让人民赋予的权力始终用来为人民谋利益。广大党员和干部也在接受监督和遵守纪律中执行党务政务,坚持全心全意为人民服务的根本宗旨。

---

① 《胡锦涛文选》第三卷,人民出版社 2016 年版,第 581 页。

（三）中国共产党对党的纯洁性建设的经验教训的深刻总结

马克思主义政党自诞生以来，就极其重视党的纯洁性建设工作，对保持党的纯洁性进行了不懈探索。这其中既有中国共产党百年奋斗的成功经验，也有苏联共产党亡党亡国的惨痛教训。深刻总结这些历史经验，可以为中国共产党新时代永葆党的纯洁性奠定坚实的实践基础。

1. 苏联共产党丧失纯洁性的历史教训

历史反复证明，一个政党若想实现长期执政，就必须始终保持纯洁性。一个政党一旦丧失纯洁性，其先进性便无从谈起，最终将不可避免地走向衰败。近几十年来，世界上一批长期执政的大党老党纷纷丧失执政地位，一个非常重要的原因就是忽视了党的纯洁性建设。其中，苏联共产党的垮台就是一个生动的案例。在历史上，苏联共产党曾经是世界上第一个拥有近 2000 万党员的执政大党。但是，这样一个大党在经历了领导社会主义事业 74 年的辉煌之后，突然一夜垮台、分崩离析。诚然，这样的结局是多因素共同作用导致的，但苏联共产党自身建设出现重大问题也是不能回避的事实。因此，分析苏联共产党在纯洁性建设方面的教训，对我们党加强自身纯洁性建设有重要借鉴意义。

一是苏联共产党忽视了思想纯洁性建设，放弃了马克思主义及其一元化指导地位，造成了社会主义意识形态混乱，动摇了人民群众的社会主义和共产主义信仰根基。虽然，苏联的社会主义意识形态建设在列宁和斯大林执政时期曾取得显著成效，但在斯大林逝世后的 40 多年时间里，苏联共产党的思想纯洁性建设停滞不前，在意识形态领域失误不断。比如，赫鲁晓夫在苏共二十大的"秘密报告"中公开批判斯大林，不仅否定了斯大林本人的品质及功绩，而且否定了斯大林带领人民取得的社会主义事业成就，这就等于间接地否定了苏联的社会主义革命史。此后,他在全国范围内又掀起了"非斯大林化"运动,造成了苏联人民及党员的思想混乱和理想信念的缺失。在指导思想上,赫鲁晓夫极力鼓吹"全民国家",希望以此来代替无产阶级专政国家,这一做法从根本上否定了马克思关于政治具有阶级性的学说,极大地动摇了马克思主义思想的指导地位。到了 20 世纪 80 年代戈尔巴乔夫假借"公开性""民主化""多元论"等之名,将苏联历史上的问题扩大化,以偏概全,混淆是非,全面否定苏联的历史和实践,而且把社会主义制度看成阻碍苏联社会发展的根源,再一次冲击了社会意识形态观念。此后,戈尔巴乔夫又提出所谓的"新思维"和"人道的民主的社会主义理论",并且在一定程度上放弃了舆论领域的主导权,导致各种反苏、反共、反社会主义的力量乘虚而入,大肆宣扬各种非马克思主义和反马克思主义,西方"民主、自由、人权"思想观念快速渗透至整个国家。由于苏联共产党率先放弃了马克思主义的一元化指导地位,放弃了社会主义和共产主义远大理想,在多元思潮的冲击下,苏联前期建立的社会主义意识形态基础逐渐瓦解,马克思主义在意识形态领域的领导地位完全丧失。在这样的情况下,苏联共产党员和群众思想上出现空前的混乱和迷茫,思想防线失守,党的阶级意识、执政意识不断缺失,最终导致丧失了得来不易的苏共政权。

二是苏联共产党忽视了政治纯洁性建设,放弃党的领导,最终背离了社会主义道路和方向。列宁在执政时期对党的政治建设进行了初步探索,他多次强调马克思主义理论的极端重要性,强调人民是俄国政党建设的政治根基,强调要坚持党对国家政权的领导。然而,在列宁逝世后,这些理论没有被认真落实,也没有与时俱进地发展,致使苏联共产党在政治建设上屡犯失误。斯大林执政时期,出现以党代政、党政不分的现象,党的政治建设走向了高度集权化方向,破坏了党内民主和政治生活。到了赫鲁晓夫和勃列日涅夫执政时期,他们虽尝试纠正政治建设的失误,推动政治建设的改革,但由于政治方法不成熟,仅仅在旧体制上进行修补完善,并没有从根本上解决党内政治问题。这一时期,党内"一言堂"盛行,政治体制运作缺乏民主,一定程度上重走了斯大林时期的老路。20 世纪 80 年代中期,苏联高度集权带来的弊端十分严重。为解决这一问题,戈尔巴乔夫上台后进行社会体制改革,想要摧毁苏联社会主义制度,改变社会方向。一方面,他发起了"改造和重建"运动,对苏联社会主义制度进行攻击,称其为"暴力的社会主义、毫无人性的制度",甚至用"极权主义"丑化和污蔑苏联社会主义制度。另一方面,他在苏联推行"民主社会主义",全面背叛马克思主义,把抛弃社会主义的思潮推至巅峰。由此,苏联的一些政治势力决定走上向资本主义靠拢、向社会主义"开刀"的激进的政治改革道路。此外,戈尔巴乔夫的极端民主化葬送了苏联共产党的领导地位,党的削弱不可避免地导致了国家的削弱,最终酿成苏联共产党垮台、苏联解体的悲剧。

三是苏联共产党忽视了组织纯洁性建设,导致党内派别林立,鱼龙混杂,民主集中制形同虚设。在执政时期,列宁为党在组织上的纯洁性建设作了大量卓有成效的工作。比如,他批判了组织上的机会主义错误,建立了民主集中制原则,加强了对党员的教育和管理。这些举措提高了党员质量,增强了党员队伍的纯洁性。但是,斯大林上台后,教条化地运用民主集中制,片面追求集中,把党的权力逐渐转移至自身及其少数支持者手中,并通过职务任命制、领导职务终身制等高度集权的组织制度,把党内的个人崇拜、特权思想发展到高峰,对党的纯洁造成消极影响。20 世纪五六十年代,赫鲁晓夫虽然采取干部任期制和轮换制度对干部队伍进行改革,但没有从根本上改变党内存在的组织建设问题。到了戈尔巴乔夫执政时期,他抛弃了无产阶级政党的民主集中制,认为"全党服从中央"丧失了党员的尊严,泯灭了党员的积极性。为此,他提出党组织的"自治原则",致使党中央丧失对下级组织的领导,党中央权威遭到严重削弱。在选用干部方面,戈尔巴乔夫借用"改革"等名目,任人唯亲,党内选举流于形式,许多分裂分子、资本家,甚至犯罪分子逐步在党内占有一席之地,而党内工人和农民代表人数却逐年下降。戈尔巴乔夫的一系列举措对党组织纯洁性建设造成严重打击,导致苏联共产党组织纯洁性基本丧失。

四是苏联共产党忽视了作风纯洁性建设,逐渐脱离了群众路线,失去了群众的支持。在苏联共产党执政初期,列宁十分注重作风建设,对如何保持党的作风纯洁进行了一系列的探索。他要求党做到与人民群众保持紧密联系,指出要时刻检查"是否同群众保持着联系,联系是否密切"①。列宁告诫全党,作为执政党要戒骄戒躁,不要沾染官僚主义的恶劣习气和不良作风,要敢于和善于批评和自我批评,树立良好的马克思主义学风,端正文风。列宁去世后,苏联共产党内的个人崇拜之风、官僚主义之风愈演愈烈,党逐渐脱离群众,作风纯洁遭到严重破坏。比如,斯大林执政时期,由于其个人独断专行,党的监督机制不断被破坏,特权主义滋生,党内消极腐败现象日益增多,干部与群众的关系出现裂缝。赫鲁晓夫上台后虽批判了斯大林的个人崇拜,取消了斯大林时期的特权制度,但很快遭到其他官僚及勃列日涅夫组成的"政治同盟"的打压,未根除特权毒瘤。勃列日涅夫上台后政治生态更为恶化,不仅苏联领导高层利用权力为亲属牟利,官商勾结,买官卖官,贪污受贿,甚至领导人本人直接参与腐败,形成了前所未有的腐败环境。戈尔巴乔夫时期,苏联共产党内并没有实行有效的党内监督机制改革方案,官僚特权阶层仍然存在,言行不一、形式主义、官僚主义等不正之风盛行,党内腐败进一步加剧。此时的苏联共产党俨然成为少数人牟利的工具,执政党与人民群众离心离德,党群关系严重恶化。最终,这个曾拥有过近2000万名党员、盛极一时的世界大党轰然倒塌,让人不禁唏嘘。

2. 中国共产党百年奋斗的成功经验

作为马克思主义政党,中国共产党始终坚持以马克思主义政党理论指导党的建设,始终把保持马克思主义政党的纯洁性作为党的建设的重要目标。在长期执政的具体实践中,中国共产党历经革命、建设、改革的磨炼,不断发展壮大且执政地位越来越稳固,其中非常重要的经验是党在不同时期都十分重视党的纯洁性建设。

(1)始终把党的纯洁性建设贯穿于党的建设中

先进性和纯洁性是马克思主义政党的本质属性,贯穿于党的性质、宗旨、任

---

① 《列宁全集》第二十四卷,人民出版社1990年版,第41页。

务和全部工作中,体现在各级党组织和全体党员的实际行动上。这种先进性和纯洁性不是固定不变的,而是与时俱进随着形势和任务的发展变化而不断丰富与发展的;这种先进性和纯洁性不是一劳永逸的,而是必须通过不懈地加强党的自身建设才能保持和发展的。作为马克思主义政党,中国共产党无论是在革命时期,还是在建设和改革时期,都十分重视加强党的自身建设,始终强调要把党的纯洁性建设贯穿于党的建设中。

新民主主义革命时期,以毛泽东同志为主要代表的中国共产党人始终坚持把保持党的纯洁性建设作为争取抗战胜利的关键之一。1939年,毛泽东在撰写《〈共产党人〉发刊词》时指出:"统一战线,武装斗争,党的建设,是中国共产党在中国革命中战胜敌人的三个法宝。"①其中,党的建设是"三大法宝"的核心。他还提出,要将党的建设作为"伟大的工程"来进行,要求广大党员和申请入党的积极分子在思想上组织上政治上作风上等全方面入党,使党员和各级党组织保持从外到内、从上到下的纯洁。在抗日战争时期,毛泽东强调,"严肃地坚决地保持共产党员的共产主义的纯洁性"②,是我们在抗日战争时期不可或缺的一项重要任务,共产党员必须警惕被资产阶级所腐化,使共产党成为一个坚强而又纯洁的执政党。

改革开放以后,党中央提出党的建设要坚持两手抓,两手都要硬,一手抓改革开放,一手抓惩治腐败。邓小平指出,党的政党地位的转变和工作重心的转移使我们党面临着新的考验,容易使党员和干部产生骄傲自满的情绪、染上官僚主义和资本主义的习气,产生党员和干部脱离群众、凌驾于群众之上、瞧不起群众的危险,容易使党员和干部走向贪污腐败的错误道路。为此,全党要抓好思想建设、组织建设、制度建设和党风廉政建设,通过这一时期党的自身建设保证党的思想纯洁、组织纯洁和作风纯洁。最终,在中国共产党人的接续努力下,我们党经受住了改革开放的层层考验,解决了国际国内、党情国情的多种难题,

---

① 《毛泽东选集》第二卷,人民出版社1991年版,第606页。
② 《毛泽东选集》第三卷,人民出版社1991年版,第793页。

端正思想、坚定立场、严肃作风、严格组织、严惩腐败,在改革开放和社会主义现代化建设中始终保持纯洁性,焕发出勃勃生机。

(2)始终注重发挥自我革命与社会革命的相互推动作用

中国共产党的百年奋斗史,既是党始终刀刃向内的自我革命的历史,也是党领导中国人民和中华民族进行伟大社会革命的历史。自我革命和社会革命相互促进、相互推动,辩证统一于共产党奋斗不息的伟大征程中,对始终保持党的纯洁性具有重大的理论价值和实践意义。

社会革命是社会基本矛盾运动的必然结果,是包括政治、经济、文化在内的社会全方位的根本变革。中国共产党作为马克思主义政党,肩负着实现共产主义的伟大使命,也必然要带领中国人民进行社会革命。中国共产党第一个纲领就明确指出:"党的根本政治目的是实行社会革命。"①社会革命是一个长期的历史过程。在不同的革命阶段,革命的性质、对象和任务都是不同的。建党以来,以毛泽东同志为主要代表的中国共产党人,团结带领中国人民推翻了压在中国人民头上的"三座大山",建立了中华人民共和国,完成了社会主义革命,确立了社会主义基本制度,推动了中国历史上最深刻最伟大的社会变革;以邓小平同志为主要代表的中国共产党人作出了改革开放的历史性决策,成功开辟了中国特色社会主义道路;以江泽民同志为主要代表的中国共产党人成功把中国特色社会主义推向 21 世纪;以胡锦涛同志为主要代表的中国共产党人成功在新形势下坚持和发展了中国特色社会主义;党的十八大以来,以习近平同志为主要代表的中国共产党人站在新的历史起点上,坚持和发展中国特色社会主义,引领中国特色社会主义进入新时代,中国人民迎来了从站起来、富起来到强起来的伟大飞跃。伟大社会革命锻造和成就了伟大的党,伟大自我革命保障和推动了伟大的事业,这是党百年来不断从胜利走向新的胜利的宝贵经验,也是党把握历史发展规律、奋斗新征程的重要遵循。习近平指出:"新时代中国特色

---

① 中共中央文献研究室、中央档案馆:《建党以来重要文献选编(1921~1949)》第一册,中央文献出版社 2011 年版,第 1 页。

社会主义是我们党领导人民进行伟大社会革命的成果,也是我们党领导人民进行伟大社会革命的继续,必须一以贯之下去。"①

在社会革命中不断进行自我革命,是中国共产党区别于其他政党的显著标志,也是中国共产党百年发展史留下的宝贵经验。习近平在学习贯彻党的十九大精神研讨班上的重要讲话中指出,"在新时代,我们党必须以党的自我革命来推动党领导人民进行的伟大社会革命"②,"要把新时代坚持和发展中国特色社会主义这场伟大社会革命进行好,我们党必须勇于进行自我革命,把党建设得更加坚强有力"③。党的第三个历史决议指出:"先进的马克思主义政党不是天生的,而是在不断自我革命中淬炼而成的。党历经百年沧桑更加充满活力,其奥秘就在于始终坚持真理、修正错误。党的伟大不在于不犯错误,而在于从不讳疾忌医,积极开展批评和自我批评,敢于直面问题,勇于自我革命。只要我们不断清除一切损害党的先进性和纯洁性的因素,不断清除一切侵蚀党的健康肌体的病毒,就一定能够确保党不变质、不变色、不变味,确保党在新时代坚持和发展中国特色社会主义的历史进程中始终成为坚强领导核心。"④从延安整风运动到新中国成立后的整党整风运动,从改革开放前后的拨乱反正和真理标准问题大讨论到新时代党的自我革命,中国共产党人不忘初心、牢记使命,始终保持对革命理想的追求,在一次又一次的社会革命中得到锻炼和成长,不仅创造了改天换地的人间奇迹,而且增强了全党自我净化、自我完善、自我革新、自我提高的能力,成功地将党锻造为一个带领十几亿人民不断取得胜利的百年大党。进入新时代,我们仍要在中国特色社会主义这场伟大的社会革命中继续加

---

① 中共中央党史和文献研究院:《十九大以来重要文献选编》中,中央文献出版社 2021 年版,第 652 页。

② 《习近平关于"不忘初心、牢记使命"论述摘编》,党建读物出版社、中央文献出版社 2019 年版,第 170 页。

③ 《习近平关于"不忘初心、牢记使命"论述摘编》,党建读物出版社、中央文献出版社 2019 年版,第 38 页。

④ 《中共中央关于党的百年奋斗重大成就和历史经验的决议》,人民出版社 2021 年版,第 70—71 页。

强党的自身建设,直面党内存在的突出问题,敢于承认问题,勇于解决问题,始终注重发挥自我革命和社会革命的相互推动作用,始终保持自我革命的品格,发扬彻底的自我革命精神,继续推动社会主义事业蓬勃发展,使党不断得到革命性锻造,社会不断实现跨越式发展,复兴大业不断取得历史性成就。

(3)始终重视党在思想组织作风上的纯洁性

始终重视并保持党在思想组织作风上的纯洁性是由我们党的性质和宗旨决定的,也是对中国共产党人保持党的纯洁性建设实践的深刻总结。

思想是一个政党、一个组织的灵魂,思想建设是我们党的基础性建设。无论是革命战争时期还是和平年代,坚定的共产主义信念和中国特色社会主义共同理想,是我们坚持马克思主义的指导地位,保持全党思想统一纯洁的前提。因此,中国共产党人历来强调要做好理想信念教育工作,把好思想的"总开关",补钙壮骨,固本培元,始终做到信念不减、信仰不变、信心不移。从1938年毛泽东在党的六届六中全会上首次提出"马克思主义的中国化"的命题开始,马克思主义中国化的理论创新一刻也没有停止。从毛泽东思想、邓小平理论、"三个代表"重要思想、科学发展观,到习近平新时代中国特色社会主义思想,中国共产党不断推动马克思主义中国化时代化,形成灿烂的理论成果,这些成果作为党的指导思想被写入党章,中国共产党人成为马克思主义的思想路线的执行者,成为共产主义远大理想和中国特色社会主义共同理想的坚定信仰者和忠实践行者。在实践中,他们牢固树立马克思主义的世界观、人生观和价值观,坚持把马克思主义基本原理同中国具体实际相结合,同中华优秀传统文化相结合,坚决抵制各种反马克思主义思想的侵蚀,坚决同各种误解和违背马克思主义的错误思想作斗争。

组织建设是党的建设的重要基础。中国共产党历经百年风雨,从小到大、由弱到强,离不开其始终重视并保持在组织上的纯洁性。在新民主主义革命时期,我们党通过建设一支布尔什维克化的纯洁的政党组织,夺取了抗日战争、解放战争的相继胜利,建立了新中国。新中国成立以来,我们党都秉持质量先导原则,严把入口、加强教育、强化监督、畅通出口,把那些假装信仰马克思主义、共产主义的投机分子和个人主义分子清理出去,党的组织队伍和干部队伍建设成效显著。党的十八大以来,我们面临的管党治党风险和挑战越来越复杂,要想推动中国特色社会主义继续发展,就得更加注重党组织的纯洁性建设。一是要抓好包括党的中央组织、地方组织、基层组织在内的党的组织体系建设。二是要抓好执政骨干队伍和人才队伍建设,提高党员质量,使广大党员在改革发展稳定中充分发挥先锋模范作用。习近平指出:"我们要应变局、育新机、开新局、谋复兴,关键是要把党的各级领导班子和干部队伍建设好、建设强。"①三是各级党组织要把好廉洁关,决不能让廉洁上有问题的人蒙混过关、投机得逞。四是要抓好党的组织制度建设,坚持贯彻党的民主集中制原则,自觉维护党的团结统一。

党的作风是党的形象,关系人心向背,关系党的生死存亡。中国共产党在领导中国革命、建设和改革的长期实践中,形成并发扬"三大作风"和坚持"两个务必"。在新时代,面对改革开放中的各种利益诱惑,习近平指出:"保持党在作风上的纯洁性,是保持党同人民群众血肉联系和不断从人民群众实践中吸取经验、智慧和力量的固本之道。"②并强调:"保持党的作风纯洁,核心是密切联系群众,始终与人民群众同呼吸、共命运,始终代表人民群众的意志和利益,始终依靠人民群众来推动历史前进。这是保证党永不变色的根本所在。"③当前,我们要继续继承和发扬党的优良传统和光荣作风,要始终坚持马克思主义群众观点、走群众路线,把实现好、维护好、发展好最广大人民根本利益作为检验作风纯洁性的试金石,坚决反对脱离群众、不关心群众,坚决反对形式主义、官僚主义、享乐主义和奢靡之风。

第一个百年,党领导人民取得了许多巨大成就,形成了许多宝贵经验,这些

---

① 中共中央党史和文献研究院:《十九大以来重要文献选编》中,中央文献出版社 2021 年版,第 599 页。

② 中共中央文献研究室:《十七大以来重要文献选编》下,中央文献出版社 2013 年版,第 825 页。

③ 中共中央文献研究室:《十七大以来重要文献选编》下,中央文献出版社 2013 年版,第 825 页。

都离不开党始终坚持的纯洁性建设。在新时代新征程上,党团结带领人民迈上实现第二个百年奋斗目标的伟大征途,前路漫漫,我们必须更加重视党的纯洁性建设,永葆党的本色,永葆党的生机活力,为实现中华民族伟大复兴中国梦继续奋斗。

新时代永葆党的纯洁性的主要内容

纯洁意为纯粹清白,永葆党的纯洁性就是在党的自身建设上要始终保持纯粹清白。党的十八大以来,习近平在多个场合阐发了关于党的纯洁性建设重要论述。其中,思想纯洁、政治纯洁、组织纯洁和作风纯洁是党的纯洁性的主要内容,思想纯洁是马克思主义政党保持纯洁性的根本,政治纯洁是党的纯洁性建设的方向前提,组织纯洁是保持党的纯洁性建设的组织保证,作风纯洁是保持党的纯洁性建设的核心关键,它们互为条件、相互促进,共同构成党的纯洁性建设的内容和要求体系。

(一) 始终保持党在思想上的纯洁性

纯洁性是马克思主义政党的本质属性之一,保持思想纯洁是党的纯洁性建设的根本所在。纯洁性体现在思想上,就是要求各级党组织和广大党员、党的领导干部必须坚持把马克思主义及其中国化的理论成果作为指导思想,坚持把为社会主义、共产主义奋斗作为理想信念,坚持实事求是的思想路线,坚决抵制各种非马克思主义思想的侵蚀,坚决同各种违背马克思主义的错误思想作斗争。

1. 思想纯洁是党的纯洁性建设的根本所在

作为马克思主义政党,我们党始终坚持把纯洁性建设作为党的建设的根本问题和重要目标①,其中起根本性作用的是思想纯洁。习近平在讲话中多次指出,"思想纯洁是马克思主义政党保持纯洁性的根本"②,"保持党在思想上的纯洁性,是保证党的正确政治方向和党的团结统一的思想基础"③。思想纯洁是党的纯洁性建设的根基,是党的建设的基础,具有夯基垒台、强基固本的作用。尤其是在新时代,我们党不仅面临着长期的、复杂的执政考验、改革开放考验、市场经济考验、外部环境考验,而且极容易出现精神懈怠的危险、能力不足的危险、脱离群众的危险、消极腐败的危险,这就要求我们党首先要从思想上做好纯洁工作。

思想是灵魂,我们党用什么样的思想武装全党,就会制定出什么样的路线方针政策;用什么样的思想理论纯洁全党,就会形成什么样的党风、塑造什么样的形象。邓小平深刻指出:"我们共产党有一条,就是要把工作做好,必须先从思想上解决问题。"④思想纯洁的工作没做好,思想建设的基础就打不牢,其他方面的建设就难以巩固,党的建设伟大工程就不能顺利完成。中国共产党的百年历史已经证明,我们党之所以能够从小到大、从弱到强,始终保持旺盛的生命力,始终保持强大的创造力、凝聚力、战斗力,成为革命、建设、改革事业发展的中流砥柱,团结带领人民战胜各种艰难险阻,取得一个又一个胜利,其中一个极为重要的原因就是牢牢掌握了党的自身建设这个重要法宝,就是牢牢抓紧了思想建党这个有力武器。正如习近平所指出:"回顾党的奋斗历程可以发现,中国共产党之所以能够历经艰难困苦而不断发展壮大,很重要的一个原因就是我们

---

① 中共中央文献研究室:《十七大以来重要文献选编》下,中央文献出版社 2013 年版,第 821 页。

② 《习近平谈治国理政》,外文出版社 2014 年版,第 391 页。

③ 中共中央文献研究室:《十七大以来重要文献选编》下,中央文献出版社 2013 年版,第 823 页。

④ 《邓小平文选》第一卷,人民出版社 1994 年版,第 184 页。

党始终重视思想建党、理论强党,使全党始终保持统一的思想、坚定的意志、协调的行动、强大的战斗力。"①

对于每一位党员来说,思想纯洁是立身之本。习近平多次要求领导干部要以身作则带头保持党的纯洁性,这也是人民对我们党的希望和要求。当前,尽管党员干部队伍的主流是好的,但消极腐败现象、违纪违法现象依然时有发生,考验和危险尖锐地摆在我们面前。大量腐败案例也警示我们,思想的懈怠容易导致消极腐败。只有保持思想纯洁,坚定理想信念,筑牢思想防线,才能永葆共产党人政治本色,保证党的肌体纯洁。在新时代,保持党员、干部的纯洁性,要坚持党要管党、全面从严治党,坚持强化思想理论武装和从严管理队伍相结合、发扬党的优良作风和加强党性修养与党性锻炼相结合、坚持惩治腐败和有效预防腐败相结合、发挥监督作用和严肃党的纪律相结合,不断增强自我净化、自我完善、自我革新、自我提高能力,始终坚持党的性质和宗旨,永葆共产党人政治本色。

2. 保持党的思想纯洁的基本内涵

思想纯洁是党的立身之本、从政之基,具体表现在马克思主义指导思想的纯洁性和马克思主义理想信念的纯洁性两个方面。

(1)保持马克思主义指导思想的纯洁性

保持党在思想上的纯洁性,是保证政治方向正确、维护团结统一的思想基础。如果我们的党员、领导干部思想不纯洁,理想信念就不可能坚定,是非认识必然模糊,政治立场很容易动摇。在 1929 年召开的红四军党的第九次代表大会上,毛泽东就针对党和红军中存在的种种非无产阶级思想及其危害,提出了思想建党的原则,强调党员不但要在组织上入党,而且要在思想上入党,要经常注意用无产阶级思想改造和克服各种非无产阶级思想,保持党员思想上的纯洁性。他在写给党中央的报告中,针对党内思想教育问题明确指出:"我们感觉无

---

① 《习近平谈治国理政》第三卷,外文出版社 2020 年版,第 74 页。

产阶级思想领导的问题,是一个非常重要的问题。边界各县的党,几乎完全是农民成分的党,若不给以无产阶级的思想领导,其趋向是会要错误的。"①刘少奇在总结这一时期党的自身建设经验时说:"仅仅是党员的社会出身,还不能决定一切,决定的东西,是我们党的政治斗争与政治生活,是我们党的思想教育、思想领导与政治领导。"②

指导思想理论上的纯洁是保持政党纯洁性建设的意识形态内核。我们党自成立之日起,就鲜明地将马克思主义写在自己的旗帜上。马克思主义作为一种认识和分析世界的方法和理论武器,其提供的绝不是僵化的教条,我们需要将马克思主义基本原理同中国具体实际和时代特征结合起来,根据时代的发展守正创新。中国共产党人在领导中国革命、建设、改革的实践中,既坚持了马克思主义基本原理、科学社会主义基本原则,又根据中国发展实际丰富发展马克思主义,形成了马克思主义中国化的一系列理论创新成果——毛泽东思想、邓小平理论、"三个代表"重要思想、科学发展观、习近平新时代中国特色社会主义思想。历史和现实反复证明:思想建党、理论强党是保持党的先进性纯洁性、增强党的创造力凝聚力战斗力的必然要求,是中国革命、建设、改革不断从胜利走向胜利的根本保证。

保持马克思主义指导思想的纯洁性,就必须坚持马克思主义在意识形态领域的指导地位,做好随时与各种错误思潮作斗争的准备。列宁曾说,严格的无产阶级世界观只有马克思主义。世界社会主义运动的艰难实践已经证实,没有马克思主义指导思想的正确领导,社会主义革命的胜利、社会主义制度的巩固和发展都必然难以实现。在20世纪的苏联,赫鲁晓夫、勃列日涅夫、戈尔巴乔夫等苏联共产党领导人相继放弃了马克思主义指导思想,在意识形态领域搞多元化,结果造成党和国家指导思想的混乱,威胁了党的领导地位和社会主义的前途命运,最终导致苏联解体。指导思想不统一,党和国家就难以实现意识形

---

① 《毛泽东选集》第一卷,人民出版社1991年版,第77页。
② 《刘少奇选集》上卷,人民出版社1981年版,第325页。

态的统一,更不可能形成完整统一的思想体系,各项政策、民心、党心都会混乱不堪。因此,"指导思想多元化"本身就是一种逻辑和思想的混乱。尤其是在当前社会主义制度与资本主义制度长期并存、相互竞争的百年未有之大变局背景下,保持指导思想的纯洁性更有现实意义。回顾二战以来的重大政治历史事件,西方国家以意识形态渗透的方式诱发"革命"并引发国际格局发生重大变化的事实已经逐渐清晰。不管是 20 世纪 90 年代初苏联社会主义政权的轰然倒塌,还是随后层出不穷的"颜色革命",乃至近年来持续动荡的西亚、北非局势,都表明搞"和平演变"已经成为西方国家对社会主义国家进行政治颠覆的重要手段,这甚至比军事对抗和经济封锁更加有效。东欧剧变后,西方资本主义国家更是"扬扬得意"地将所谓的"自由、民主、人权"不留痕迹地一股脑推销出来,凭借强大的文化霸权、经济霸权、信息霸权不断加紧对社会主义国家的意识形态进行渗透、围堵,其背后包藏的就是颠覆国家政权、改变社会制度的"祸心"。毫无疑问的是,在未来一段时间内,社会主义和资本主义长期共存是怎么都绕不开的理论和现实问题,社会主义和资本主义的意识形态斗争也是怎么都回避不了的价值观的交锋。因此,我们党必须要坚持马克思主义思想在意识形态领域的指导地位,保持马克思主义指导思想的纯洁性,随时做好与各种错误思潮作斗争的准备。

(2)保持马克思主义理想信念的纯洁性

思想是行动的前提,理想信仰是共产党人安身立命的根本,也是共产党人的政治灵魂和精神支柱。习近平强调,"保持思想纯洁,最重要的是保持对共产主义的坚定信仰、中国特色社会主义的坚定信念","信仰纯洁是共产党人最根本的纯洁"。[①] 科学社会主义是马克思、恩格斯等马克思主义理论家创立的关于无产阶级争取自由解放与实现人的自由全面发展的学说。科学社会主义指导了 19 世纪以来的世界社会主义运动实践,形成了一次又一次世界社会主义

---

① 中共中央文献研究室:《十七大以来重要文献选编》下,中央文献出版社 2013 年版,第 823、824 页。

运动高潮。因此，中国共产党自诞生之日起，就把实现共产主义作为凝聚人心、培育党员精神世界的价值支撑。经过长期教育和熏陶，一代又一代中国共产党人将这种以近乎"本能的情感接受"的政治信仰逐步积淀为全党意识形态的"集体无意识"，进而成为中国共产党内在的"精神气质"。① 邓小平指出："根据我长期从事政治和军事活动的经验，我认为，最重要的是人的团结，要团结就要有共同的理想和坚定的信念。我们过去几十年艰苦奋斗，就是靠坚定的信念把人民团结起来，为人民自己的利益而奋斗。没有这样的信念，就没有凝聚力。"② 习近平指出："对马克思主义的信仰、对社会主义和共产主义的信念、是共产党人的政治灵魂，成为共产党人经受住任何考验的精神支柱。"③历史已经证明，中国共产党为什么能，中国特色社会主义为什么好，归根到底是因为马克思主义行，是中国化时代化的马克思主义行。正是对马克思主义的信仰、对社会主义和共产主义的信念构筑了共产党人的政治灵魂，成为共产党人得以经受住任何风险和考验的精神支柱。

百年来，中国共产党人凭着对社会主义和共产主义的坚定信念，不惧战争的洗礼和革命的残酷，领导人民夺取了新民主主义革命胜利，成立了中华人民共和国，进行了艰苦卓绝的社会主义革命和建设实践，成功开创了中国特色社会主义。党的十八大以来，以习近平同志为核心的党中央坚持和发展中国特色社会主义，中华民族迎来了从站起来、富起来到强起来的伟大飞跃，以铁一般的事实证明：只有社会主义才能救中国，只有中国特色社会主义才能发展中国，只有坚持和发展中国特色社会主义才能实现中华民族伟大复兴。直到今天，马克思主义依然体现着中国共产党人的根本价值追求，是我们党矢志不渝的行动纲领和崇高理想。

---

① 刘先春、李亚：《政治信仰：政党治理现代化的精神内核》，《中共浙江省委党校学报》2017 年第 2 期。

② 《邓小平文选》第三卷，人民出版社 1993 年版，第 190 页。

③ 中共中央文献研究室：《十八大以来重要文献选编》上，中央文献出版社 2014 年版，第 39 页。

3. 保持思想纯洁的基本要求

在新形势下保持党的思想纯洁,确保马克思主义的指导思想地位,树立马克思主义理想信念,必须坚持以习近平新时代中国特色社会主义思想武装全党,坚持经常性教育与适当的集中教育相结合,推进党内学习教育。

(1)坚持马克思主义理想信念教育

党的十九大不仅将"以坚定理想信念宗旨为根基"[①]纳入新时代党的建设总要求,而且进一步强调"要把坚定理想信念作为党的思想建设的首要任务,教育引导全党牢记党的宗旨,挺起共产党人的精神脊梁,解决好世界观、人生观、价值观这个'总开关'问题,自觉做共产主义远大理想和中国特色社会主义共同理想的坚定信仰者和忠实实践者"[②]。这既是对党的思想建设经验的科学总结,也是新时代加强党的思想建设的客观需要。当前,个别党员、干部出现这样那样的问题,说到底是理想信念不坚定导致的。理想信念不坚定,精神上就会"缺钙",就会得"软骨病"。回望革命战争年代,无数共产党人和革命先辈之所以能够在枪林弹雨中英勇无畏,在敌人酷刑前视死如归,凭借的就是他们对共产主义远大理想和奋斗目标坚贞不渝、矢志不移的精神。方志敏在死囚牢里写下:"敌人只能砍下我们的头颅,决不能动摇我们的信仰";陈树湘受伤被俘后"断肠明志";红军战士在长征路上讲得最多的一句话是,"只要跟党走,一定能胜利"……所有这些,无不彰显出共产党人的坚定信念、赤子情怀和钢铁意志,对于我们今天坚定理想信念具有深刻的启迪意义。

当前,世界百年未有之大变局正加速演进,我国正处在实现中华民族伟大复兴的关键时期,我们面临的意识形态、思想领域的冲击可能会更加猛烈,面临的市场经济、长期执政带来的方方面面的诱惑可能会更加明显,这就要求我们

---

① 习近平:《决胜全面建成小康社会 夺取新时代中国特色社会主义伟大胜利——在中国共产党第十九次全国代表大会上的报告》,《人民日报》2017年10月28日。

② 《习近平关于"不忘初心、牢记使命"论述摘编》,党建读物出版社、中央文献出版社2019年版,第85页。

党必须坚定理想信念,保持思想上的纯洁性,把握好思想的"总开关"。习近平多次强调要在全党中树立革命理想高于天的理念,中国共产党人要补钙壮骨、固本培元,用新时代中国特色社会主义思想武装头脑,自觉做共产主义远大理想和中国特色社会主义共同理想的坚定信仰者、忠实实践者。

(2)坚持以习近平新时代中国特色社会主义思想武装全党

党的十八大以来,面对世界经济复苏乏力、局部冲突和动荡频发、全球性问题加剧的外部环境,面对我国经济发展进入新常态等一系列深刻变化以及"四大考验""四种危险"和管党治党宽松软等突出问题,以习近平同志为核心的党中央以巨大的政治勇气和强烈的责任担当推动党和国家事业取得历史性成就、发生历史性变革,形成了习近平新时代中国特色社会主义思想。习近平新时代中国特色社会主义思想是对马克思列宁主义、毛泽东思想、邓小平理论、"三个代表"重要思想、科学发展观的继承和发展,是马克思主义中国化时代化最新成果,是党和人民实践经验和集体智慧的结晶,是中国特色社会主义理论体系的重要组成部分,是全党全国人民为实现中华民族伟大复兴而奋斗的行动指南。这一科学理论体系紧密结合新的时代条件和实践要求,开辟了马克思主义新境界,使当代中国马克思主义展现出更强大、更有说服力的真理力量。这一科学理论体系不仅是新的历史条件下我们党治国理政的伟大纲领,而且为解决人类问题贡献了中国智慧和中国方案,具有深远的世界意义。

当中国特色社会主义进入新时代,站在新的历史起点上,我们党必须将全部思想统一到以习近平同志为核心的党中央周围,必须认真领会习近平新时代中国特色社会主义思想的科学内涵,充分认识习近平新时代中国特色社会主义思想的重大意义,将学习近平新时代中国特色社会主义思想转化为实际行动。历史和现实一再证明,科学理论一经掌握群众,就会成为强大的物质力量。习近平新时代中国特色社会主义思想为广大党员干部、广大群众所掌握,必将成为建设新时代中国特色社会主义的磅礴力量。

(3)坚持推进党内学习教育制度化常态化

党的十八大以来,以习近平同志为核心的党中央高度重视党内教育活动,先后开展了党的群众路线教育实践活动、"三严三实"专题教育、"两学一做"学习教育、"不忘初心、牢记使命"主题教育、党史学习教育、学习贯彻习近平新时代中国特色社会主义思想主题教育六次集中性学习教育活动。第一次是2013年在全党开展的党的群众路线教育实践活动。本次活动与中央八项规定和"四风"整治配套展开,以为民务实清廉为主要内容,由中央开始,以县处级以上领导机关、领导干部和领导班子为重点,着力解决当前群众深恶痛绝、反映最强烈的形式主义、官僚主义、享乐主义、奢靡之风问题,力求使广大党员普遍受到一次马克思主义群众观点和党的群众路线教育。第二次是2014年开展的"三严三实"专题教育。本次教育聚焦于对党忠诚、个人干净、敢于担当,着力解决"不严不实"的问题,要求县处级以上领导干部"严以修身、严以用权、严以律己,谋事要实、创业要实、做人要实",切实增强"三严三实"思想自觉和行动自觉,做到心中有党不忘恩、心中有民不忘本、心中有责不懈怠、心中有戒不妄为。为此,习近平还专门主持中央政治局第二十六次集体学习,围绕践行"三严三实"开展研讨交流。第三次是2016年开展的"两学一做"学习教育。本次教育着力解决有的党员理想信念模糊动摇、党的意识淡化、宗旨观念淡薄、精神不振、道德行为不端的问题。与前几次的教育不同,本次教育涵盖全体党员。为此,习近平主持了中央政治局常委会议,专门审议专题教育和"两学一做"学习教育方案。中央政治局召开专题民主生活会,围绕"两学一做"进行对照检查、党性分析,开展批评和自我批评。第四次是2019年开展的"不忘初心、牢记使命"主题教育。本次教育要求县处级以上领导干部把深入学习贯彻习近平新时代中国特色社会主义思想作为主题教育的根本任务,全面把握"守初心、担使命,找差距、抓落实"的总要求,以彻底的自我革命精神解决违背初心和使命的各种问题,努力实现理论学习有收获、思想政治受洗礼、干事创业敢担当、为民服务解难题、清正廉洁作表率的目标。第五次是2021年在全党开展的党史学习教育。本次教育要求全党加强党史学习教育,通过对党史、新中国史、改革开放史、社会主义发展史的学习教育,深化对党的创新理论的认识,不断提高政治判断力、政治领悟力、政治执行力,坚决反对和克服形式主义、官僚主义,推进不敢腐、不能腐、不想腐,不断净化政治生态,营造风清气正的发展环境。第六次是 2023 年 4 月开始的学习贯彻习近平新时代中国特色社会主义思想主题教育。本次教育的目的在于用党的创新理论统一思想、统一意志、统一行动,弘扬伟大建党精神,牢记"三个务必",推动全党为全面建设社会主义现代化国家、全面推进中华民族伟大复兴而团结奋斗。

党的十八大以来,通过这六次集中性学习教育活动,全党进一步坚定了理想信念,统一了思想认识,并且实现了经常性教育与集中教育的相互促进、相辅相成。一是将集中性教育转变成经常性教育,将思想政治建设融入日常学习教育中。比如,以"学党章党规"强化党员规矩意识和纪律意识;以"学系列讲话"增强党员政治意识、大局意识、核心意识、看齐意识;以"做合格党员"提高党员自我修养和道德品格,保持干事创业、开拓进取的精气神。通过集中教育的日常化管理,实现通过普遍马克思主义学习教育提高党员思想政治素质的最终目的。二是适时集中化、主题化开展经常性教育,严肃党内政治生活。这些新的经验既有对过去经常性教育和集中教育经验的继承,也有在新的教育实践中的探索和创新;既体现了党内教育的与时俱进,也为今后更有效地开展党内教育活动提供了经验和启示。

(二)始终保持党在政治上的纯洁性

政治纯洁是习近平关于党的纯洁性建设重要论述的一大亮点。党的十九大报告把党的政治建设纳入党的建设总体布局并摆在首位,提出"全党要坚定执行党的政治路线,严格遵守政治纪律和政治规矩,在政治立场、政治方向、政治原则、政治道路上同党中央保持高度一致"①。政治上的纯洁性,简而言之,就是确保党在政治立场、政治方向、政治行动上的坚定正确,要求各级党组织和

---

① 习近平:《决胜全面建成小康社会　夺取新时代中国特色社会主义伟大胜利——在中国共产党第十九次全国代表大会上的报告》,《人民日报》2017 年 10 月 28 日。

广大党员、党的领导干部必须坚决执行党的纲领、章程和路线方针政策,在社会主义初级阶段必须坚持以经济建设为中心、坚持四项基本原则、坚持改革开放的基本路线,坚决抵制和反对一切违背党的基本路线的错误政治倾向。

1. 政治纯洁是党的纯洁性建设的首要任务

从理论上看,先进性和纯洁性是马克思主义政党的本质属性。习近平指出:"如果马克思主义政党政治上的先进性丧失了,党的先进性和纯洁性就无从谈起。"①这就意味着永葆党的先进性和纯洁性,必须首先要维护好党在政治上的先进性。马克思主义政党之所以能够成立,就是因为找到了革命最坚决、最彻底,最能代表先进生产力发展方向的无产阶级,就是因为团结了无产阶级中最有觉悟的、最先进的优秀分子,就是因为始终代表着无产阶级和最广大人民群众的根本利益,并为之不懈奋斗。马克思主义政党自产生之日起,就向全世界宣告了它的政治主张,即要代表无产阶级推翻资产阶级的全部政权,掌握资产阶级的全部生产资料,无产阶级政党没有任何与本阶级利益不同的特殊利益,在和资产阶级斗争的各个发展阶段上,始终代表整个运动的利益。而中国共产党作为典型的马克思主义政党,本身就肩负着带领中国人民实现共产主义的政治追求,在这个过程中党没有自己特殊的利益,党在任何时候都把群众利益放在第一位。这是我们党作为马克思主义政党区别于其他政党的显著标志。

回顾中国共产党的百年历史,我们可以发现,讲政治一直是党的建设工作的首要任务。革命年代,以毛泽东同志为主要代表的中国共产党人强调"军队的思想政治工作是党和军队的生命线"。新中国成立初期,毛泽东再次强调"政治工作是一切经济工作的生命线"②。改革开放以后,邓小平反复强调"到什么时候都得讲政治"③,江泽民、胡锦涛也多次强调讲政治的重要性,强调中国共

---

① 《习近平新时代中国特色社会主义思想学习纲要》,学习出版社、人民出版社 2019 年版,第 225 页。

② 《毛泽东文集》第六卷,人民出版社 1999 年版,第 449 页。

③ 《邓小平文选》第三卷,人民出版社 1993 年版,第 166 页。

产党讲的政治是马克思主义的政治,是建设有中国特色社会主义的政治,必须旗帜鲜明。新时代,以习近平同志为主要代表的中国共产党人则首次将过去长期沿用的"思想政治建设"区分开来,突出政治建设在党的建设中的统领性地位。习近平反复强调:"讲政治是我们党补钙壮骨、强身健体的根本保证,是我们党培养自我革命勇气、增强自我净化能力、提高排毒杀菌政治免疫力的根本途径。"①实践已经证明,中国共产党之所以历经百年仍能朝气蓬勃,取得一个又一个伟大胜利,成为中国人民和中华民族各项事业的领导核心,其根本原因就在于党能够始终保持政治上的先进性和纯洁性,永葆马克思主义政党的政治本色。

2. 保持党的政治纯洁的基本内涵

保持党的政治纯洁,确保党不变质、不变色、不变味,是我们党进行纯洁性建设的首要任务。永葆马克思主义政党的政治本色,意味着要始终保持党的政治方向正确、政治立场坚定、政治路线准确。

(1)保持政治方向正确

政治方向是党生存发展第一位的问题,事关党的前途命运和事业兴衰成败,体现着人民群众的根本利益、共同意志。习近平在2020年秋季学期中央党校(国家行政学院)中青年干部培训班开班式上的讲话中强调:"提高政治能力,首先要把握正确政治方向,坚持中国共产党领导和我国社会主义制度。在这个问题上,决不能有任何迷糊和动摇!"②在保持正确的政治方向的基础上,我们党坚持久久为功、步步为营,这是我们党治国理政的一大特点,也是我们国家持续发展的秘诀和优势。从党的一大到党的二十大,从"一五"计划到"十四五"规划,中国共产党在共产主义远大理想和中国特色社会主义共同理想的指引下,把短期目标与长期目标、眼前利益与长远利益有机统一起来,贯彻到党和国

---

① 《习近平关于"不忘初心、牢记使命"论述摘编》,党建读物出版社、中央文献出版社2019年版,第107页。

② 习近平:《总结党的历史经验 加强党的政治建设》,《求是》2021年第16期。

家谋划的重大战略、制定的重大政策、部署的重大任务、推进的重大工作中去,经常对标对表,及时校准偏差,坚决纠正偏离和违背党的政治方向的行为,确保党和国家各项事业始终沿着正确政治方向发展,教育广大党员、干部坚定不移沿着正确政治方向前进,确保党和国家各项事业不断进步。

坚守正确的政治方向,就是要坚持共产主义远大理想和中国特色社会主义共同理想不动摇。我们党从成立之日起,就把实现共产主义作为自己的最高理想和最终目标。正是这样崇高的理想信念,赋予了共产党人战胜千难万险的勇气和毅力,才使得中国的革命、改革和建设取得了长足胜利,并探索形成了中国特色社会主义的道路、理论、制度和文化。在现阶段,建设中国特色社会主义,把我国建设成为富强、民主、文明、和谐、美丽的社会主义现代化国家,体现了我国各族人民的共同理想,代表着党、国家和人民的根本利益,是我们团结奋斗的强大动力。共产主义远大理想和中国特色社会主义共同理想,是我们党奋力前行的光辉灯塔,照亮着前进道路,指引着前进方向。新时代,不忘初心、牢记使命就是要坚信远大理想和共同理想,为中国人民谋幸福,为中华民族谋复兴。在这个问题上,全党必须立场坚定、旗帜鲜明,否则就会出现理想信念动摇、政治方向偏离的问题,损害党的纯洁性和先进性。

坚守正确的政治方向,就是要坚持"两个一百年"奋斗目标不偏离。习近平强调:"只有高举中国特色社会主义伟大旗帜,我们才能团结带领全党全国各族人民,在中国共产党成立 100 年时全面建成小康社会,在新中国成立 100 年时建成富强民主文明和谐的社会主义现代化国家,赢得中国人民和中华民族更加幸福美好的未来。"①当前,全面建成小康社会的第一个百年奋斗目标已经完成,中国共产党以现行标准下农村贫困人口全部脱贫、贫困县全部摘帽、绝对贫困和区域性整体贫困基本消除的优异成绩实现了对人民的承诺,中国进入全面建设社会主义现代化国家的第二个百年伟大征程。按照党的十九大和党的十九届五中全会的战略部署,未来我国将分两个阶段进行后一步的安排。第一阶

---

① 《习近平谈治国理政》,外文出版社 2014 年版,第 7 页。

段是从 2020 年到 2035 年,在全面建成小康社会的基础上,奋斗 15 年,基本实现社会主义现代化。届时,我国经济实力、科技实力、综合国力将大幅跃升,建成文化强国、教育强国、人才强国、体育强国、健康中国,推进以人为核心的新型城镇化,不断增强人民群众获得感、幸福感、安全感,使得人民生活更加美好,推动人的全面发展、全体人民共同富裕取得更为明显的实质性进展。第二阶段是 2035 年到 2050 年,在基本实现社会主义现代化的基础上,再奋斗 15 年,把我国建成富强民主文明和谐美丽的社会主义现代化强国。到那时,随着我国物质文明、政治文明、精神文明、社会文明、生态文明的全面提升,随着国家治理体系和治理能力现代化的实现,中国的综合国力和国际影响力必将提升到一个前所未有的高度,中华民族伟大复兴中国梦想必将实现。我们相信,在前进道路上只要坚持"两个一百年"奋斗目标不动摇,始终保持政治定力、把准政治方向,咬定青山不放松,一张蓝图干到底,我们的奋斗目标就一定会实现。

坚守正确的政治方向,就是要坚持党的基本理论、基本路线、基本方略不含糊。党的基本理论是我们党的行动指南,是政治上的望远镜和显微镜。以经济建设为中心,坚持四项基本原则,坚持改革开放,自力更生,艰苦创业,为把我国建设成为富强民主文明和谐美丽的社会主义现代化强国而奋斗,这条路线既是党和国家的生命线,也是人民的幸福线。党的十九大提出的"十四个坚持"基本方略,是对我们党治国理政重大方向、原则的最新概括,是实现"两个一百年"奋斗目标、实现中华民族伟大复兴中国梦的路线图和方法论。新时代把准政治方向,就是要把党的基本理论、基本路线、基本方略贯彻到谋划重大战略、制定重大政策、部署重大任务、推进重大工作的实践中,从而确保党和国家各项事业始终沿着正确政治方向发展。

(2)保持政治立场坚定

政治立场是政党及其成员在政治实践和政治生活中所持有的根本观点和看法,它强调代表谁的利益、为谁谋福祉,具有鲜明的阶级属性。坚定的政治立场是党员干部保持先进性的先决条件,是自觉践行党的宗旨的基本前提,是提高党的执政能力的政治基础,是推进社会主义事业的根本保证。如何做到坚定政治立场？其核心是坚持党的人民立场，具体就是要做到必须自觉坚持党性与人民性的统一，坚持马克思主义群众观点，坚持党的群众路线，自觉践行党的宗旨。习近平指出："人民立场是中国共产党的根本政治立场，是马克思主义政党区别于其他政党的显著标志。"①在中国共产党的百年奋斗史中，始终坚持以人民为中心的政治立场，是我们党始终如一的初心和使命，贯穿于中国特色社会主义事业发展的主线，更是中国特色社会主义进入新时代后党中央一直秉持的执政理念的核心要义。

当前，在一些党员干部中存在着政治意识不强、服务意识淡漠等问题，成为党保持和践行人民政治立场的"拦路虎"。他们有的急功近利、居功自傲，忽视群众利益，有的甚至将个人利益凌驾于人民群众之上，对待群众工作没有主动性，更没有同理心，使一些本来可以解决的问题久拖不决，严重影响人民群众的获得感。对此，习近平指出，"全党必须牢记，为什么人的问题，是检验一个政党、一个政权性质的试金石"②，"时代是出卷人，我们是答卷人，人民是阅卷人"③。全党要时刻保持清醒头脑，坚决捍卫党和人民的利益，实实在在为人民群众谋福利。一是要认真研究人民群众多样化、多层次、多方面的利益需求，顺应人民对美好生活的向往，使改革和发展的成果惠及所有人，尤其是关注教育、医疗、就业、住房、养老、环境、食品、收入等关乎百姓生计的实际需要，着力提升人民群众的获得感、幸福感和安全感；二是要着力解决人民群众最痛恨和厌恶的问题，对待贪污腐化问题和"四风"问题要发现一起查处一起，切实推进社会在机会、分配、规则等方面的公平正义，着力提升人民群众的尊严感和满足感等。通过坚定的人民立场，在全党树立人民主体地位，形成人民利益至上的价值观，以人民为根本的评判标准，切实改善人民的生活水平，让人民在获得感和

---

① 《习近平谈治国理政》第二卷，外文出版社 2017 年版，第 40 页。

② 习近平：《决胜全面建成小康社会　夺取新时代中国特色社会主义伟大胜利——在中国共产党第十九次全国代表大会上的报告》，《人民日报》2017 年 10 月 28 日。

③ 《习近平关于"不忘初心、牢记使命"论述摘编》，党建读物出版社、中央文献出版社 2019 年版，第 37 页。

幸福感的提升中不断深化对党的认同和支持,从而进一步确保党与人民同呼吸共命运。

(3)保持政治路线准确

党的政治路线是党围绕着一定阶段的历史任务而制定的具体纲领和基本路线,关系党的建设方向和建设成效。党要得到巩固和发展,就必须围绕政治路线搞好自身建设,反过来说,也只有党的自身建设巩固了、加强了,党的政治路线才能得到更加坚定和认真的贯彻执行,这是毛泽东从共产党的历史经验中得出的结论,是在新民主主义革命时期就已经明确了的成功经验,是丰富和发展了马克思主义的建党学说。

党的建设及其成绩与党的政治路线的确立是相辅相成的。党在一大上制定了第一个纲领,确立了党的名称、奋斗目标、基本政策,提出了发展党员、建立地方和中央机构等组织制度,为党自身的发展壮大和革命的实践指明了方向。党的二大区分了最高纲领和最低纲领,不仅为日后的革命斗争指明了基本方向,也为党的建设立下了目标。之后,随着革命斗争的深入推进,革命的实践不断取得新的胜利,以毛泽东同志为主要代表的中国共产党人,逐步探索确定了新民主主义革命的总路线,并围绕这个总路线在各个方面展开党的建设,党也由此不断地发展壮大。党的七大完整表述了党的最高纲领和最低纲领,党的建设的各个方面都以政治路线为准绳展开。新中国成立以后,党在领导广大人民群众取得新的胜利的过程中,在贯彻执行政治路线过程中建设党、发展党、巩固党。1956年,党的八大把集中力量发展社会生产力作为全国人民的主要任务,还根据当时国内经济社会发展的实际情况正确分析了国内主要矛盾的转变。但党的八大的正确路线没有坚持下去,留下了新中国发展和建设史上的遗憾。经过"文化大革命"的曲折以后,中国特色社会主义道路在以邓小平为主要代表的中国共产党人的大力推动下成为符合中国国情的新道路。1987年,党的十三大制定了党在社会主义初级阶段的基本路线,在贯彻基本路线的过程中,中国的社会经济飞速发展,取得举世瞩目的成就。1997年,建设有中国特色社会主义的经济、政治、文化的基本目标和基本政策在党的十五大上得以明确规定,党在社会主义初级阶段的基本纲领也被制定了出来。2002 年党的十六大提出全面建设小康社会的奋斗目标,汇聚了最广大人民群众的奋斗力量,党的建设也得以持续推进。2017 年党的十九大提出决胜全面建成小康社会,开启全面建设社会主义现代化国家新征程,为此,党的建设在各个方面发力,新的伟大工程持续推进。

实践反复证明,新时代推进党的建设伟大工程,必须始终保持党的政治路线的正确性,保证党的政治路线得到全面贯彻落实。一是要坚持用"一个中心、两个基本点"这个我国社会主义初级阶段的基本路线来部署和开展党建工作,要用贯彻基本路线的实践情况来衡量和检验党建工作的成效,全面推进党的建设新的伟大工程,不断提高党的建设的质量。二是要把党的建设融入全面建设社会主义现代化国家新征程的历史任务中去,以党的自我革命引领伟大的社会革命,开创中国特色社会主义事业的新局面。

3. 保持党的政治纯洁的基本要求

对于如何保持政治纯洁,习近平强调了以下四个方面的内容:

(1)维护党中央权威和集中统一领导

保持党的政治纯洁,必须维护党中央权威和集中统一领导,保证全党服从中央,严格遵守党的政治纪律、政治规矩、政治路线,坚持用习近平新时代中国特色社会主义思想武装头脑、指导实践,保证全党思想统一和步调一致。习近平指出:"只有党中央有权威,才能把全党牢固凝聚起来,进而把全国各族人民紧密团结起来,形成万众一心、无坚不摧的磅礴力量。如果党中央没有权威,党的理论和路线方针政策可以随意不执行,大家各自为政、各行其是,想干什么就干什么,想不干什么就不干什么,党就会变成一盘散沙,就会成为自行其是的'私人俱乐部',党的领导就会成为一句空话。"①当前,我们正进行许多具有新的历史特点的伟大斗争,时刻面临着发展改革稳定的新情况新问题新挑战,管

---

① 中共中央党史和文献研究院:《十八大以来重要文献选编》下,中央文献出版社 2018 年版,第 585 页。

党治党的任务比之前任何时候都更紧迫、更繁重。在这么重要和紧要的时期，全党必须有意识地维护以习近平同志为核心的党中央权威，维护党的集中统一领导，这不仅是发展党的事业和代表最广大人民根本利益的客观需要，也是党的建设进入深化改革时期和全面从严治党进入攻坚期的现实需要。习近平强调，"我国社会主义政治制度优越性的一个突出特点是党总揽全局、协调各方的领导核心作用"①，"每一个党的组织、每一名党员干部，无论处在哪个领域、哪个层级、哪个部门和单位，都要服从党中央集中统一领导，确保党中央令行禁止，决不允许背着党中央另搞一套"②。保持政治纯洁，首先要做到维护党中央权威和集中统一领导，坚定"四个意识"，把每一个党员的思想和行动都统一到党中央的决策部署中来，集中全党力量攻坚克难，不断推进社会主义现代化的建设。

（2）严明党的政治纪律和政治规矩

政治纪律是党的生命线，讲规矩、明纪律，是中国共产党革命胜利、赢得民心的重要法宝。严明政治纪律是指"在指导思想和路线方针政策以及关系全局的重大原则问题上，全党必须在思想上政治上行动上同党中央保持高度一致"，"决不允许'上有政策、下有对策'，决不允许有令不行，有禁不止"。③ 习近平在2013年党的十八届中央纪委二次全会上的讲话中指出："党的纪律是多方面的，但政治纪律是最重要、最根本、最关键的纪律，遵守党的政治纪律是遵守党的全部纪律的重要基础。政治纪律是各级党组织和全体党员在政治方向、政治立场、政治言论、政治行为方面必须遵守的规矩，是维护党的团结统一的根本保证。"④一个有着良好政治纪律和政治规矩的政党，才有可能拥有整齐划一的行

---

① 《习近平关于社会主义政治建设论述摘编》，中央文献出版社2017年版，第31页。

② 中共中央党史和文献研究院：《十八大以来重要文献选编》下，中央文献出版社2018年版，第585—586页。

③ 中共中央文献研究室：《十八大以来重要文献选编》上，中央文献出版社2014年版，第132页。

④ 中共中央文献研究室：《十八大以来重要文献选编》上，中央文献出版社2014年版，第131—132页。

动能力,才有可能形成风清气正的政治氛围和政治生态。要让党的政治纪律和政治规矩在广大党员中入脑入心,外化为每个党员的具体行动,就需要加强党的纪律教育。这就要求我们至少做好以下两方面的工作:一是通过学习和教育,让广大党员在鲜活的政治实践中体会政治纪律和政治规矩对党员个人和政党本身发展成长的重要作用;二是推动政治巡视纵深化、常态化,以政治巡视严肃政治纪律和政治规矩。党的十八大以来,我国颁布了《中国共产党巡视工作条例》,制定了《中华人民共和国监察法》,都是在制度层面对严格政治纪律和政治规矩的贯彻落实。

(3)坚定党的政治信仰和政治定力

政治信念是马克思主义理想信念在政治上的表现,是政党凝神聚气、奋勇向前的精神支撑,一旦缺乏就容易迷失方向,甚至走向歧途,而党员也会因此患上"软骨病",失去奋斗的动力。政治定力是党员干部在政治活动中展现出来的操守,直接反映了其理想信念的坚定程度。习近平指出,"理想信念坚定,是好干部第一位的标准,是不是好干部首先看这一条。如果理想信念不坚定,不相信马克思主义,不相信中国特色社会主义,政治上不合格,经不起风浪,这样的干部能耐再大也不是我们党需要的好干部。只有理想信念坚定,用坚定理想信念炼就了'金刚不坏之身',干部才能在大是大非面前旗帜鲜明,在风浪考验面前无所畏惧,在各种诱惑面前立场坚定,在关键时刻靠得住、信得过、能放心"①。在现实生活中,有的党员干部违背入党时的初心和誓言,表面上高唱共产主义的赞歌,背地里却将共产主义当作是虚无缥缈、难以企及的幻象,进而陷入功利主义的泥潭不能自拔;有的党员干部在涉及党性等原则性政治挑衅面前,态度暧昧、消极躲闪、不敢亮剑,甚至自己跳出来在一些私下场合批评和嘲讽马克思主义,产生极其严重的后果。因此,党的十八大以来,以习近平同志为核心的党中央坚持在全党推进理论武装和理想信念教育,坚持以科学的理论武装头脑,学习贯彻习近平新时代中国特色社会主义思想、坚定崇高的理想信念、

① 《习近平谈治国理政》,外文出版社2014年版,第413页。

坚定"四个自信",从而筑牢全党的信仰之基,补足党的精神之"钙",进而保持党的肌体健康和政治纯洁。

(4)全面净化党内政治生态

政治生态是党风、政风、社会风气的综合反映,可以集中体现党员干部的党性修养、思想觉悟、工作作风等。作为政治发展中的关键因素,政治生态往往影响着党员干部的价值取向和行为方式。政治生态好,"软环境"就好,人心就齐,党的事业就能发展;政治生态不好,人心就会涣散,政治生活就会弊病丛生,党的事业就会遭遇挫折。党的十八大以来,习近平高度重视党内政治生态建设。2016年,习近平在中共中央政治局第三十三次集体学习时强调:"我们党95年的奋斗历程充分表明,严肃认真的党内政治生活、健康洁净的党内政治生态,是党的优良作风的生成土壤,是党的旺盛生机的动力源泉,是保持党的先进性纯洁性、提高党的创造力凝聚力战斗力的重要条件,是党团结带领全国各族人民完成历史使命的有力保障,是我们党区别于其他非马克思主义政党的鲜明标志。"①新时代,保持党的纯洁性,就要把加强政治生态建设作为一项重要任务来抓,以风清气正的党内政治生态为提升党的政治纯洁提供良好的文化环境。具体做法有以下两点:一是要以《关于新形势下党内政治生活的若干准则》为基本遵循,严肃党内政治生活,推动风清气正的党内政治生态建设;二是要坚定全党的"四个自信"和共产主义理想信念,培育正确的政治价值观,建设积极健康的党内政治文化,推动形成干部清正、政府清廉、政治清明的良好局面。

(三)始终保持党在组织上的纯洁性

保持党在组织上的纯洁性,也就是保持党的肌体纯洁,落实到行动上就是

---

① 《习近平在中共中央政治局第三十三次集体学习时强调 严肃党内政治生活净化党内政治生态 为全面从严治党打下重要政治基础》,《人民日报》2016年6月30日。

各级党组织和广大党员、党的领导干部必须坚持贯彻党的民主集中制原则和遵守党的组织纪律的要求,自觉维护党的团结统一,坚决反对一切危害和分裂党的行为,严格把背离党纲党章、危害党的事业、已经丧失共产党员资格的蜕化变质分子和腐败分子清除出党。

1. 组织纯洁是党的纯洁性建设的重要保障

保持党在组织上的纯洁性是我们党长期以来的建设重点内容之一。马克思恩格斯在指导创建共产主义者同盟时,就在同盟章程中对同盟成员进行了严格要求,规定成员的生活方式和活动必须符合同盟目的,每个成员都必须承认共产主义、服从同盟决议。列宁在创建俄国工人阶级政党时十分注重党的纯洁性,强调"只让有觉悟的真正忠于共产主义的人留在党内","徒有其名的党员,就是白给,我们也不要"①,"我们的任务是要维护我们党的坚定性、彻底性和纯洁性"②。中国共产党成立后,就把吸收工人、农民、知识分子中的先进分子入党作为党的组织建设的重要环节。遵义会议后,党逐渐摆脱了教条主义的束缚,在吸收先进的工人、雇农入党的同时,将党员发展对象扩展到一切愿意为共产党的主张而奋斗的人。党中央于 1938 年作出《关于大量发展党员的决议》,同年党的六届六中全会进一步强调了建设全国性大党的任务。从 1921 年建党时的 50 多名党员,到 1949 年新中国成立时的 448.8 万名党员,再到建党 100 周年时的 9500 多万名党员,中国共产党始终坚持马克思主义政党的革命性、先进性,这与我们注重保持自身的纯洁性是不可分割的。

习近平强调:"保持党在组织上的纯洁性,是保持全党步调一致和增强党的创造力、凝聚力、战斗力的组织保证。"③当前,我们党已经成长为一个世界性大党,党的组织建设成就举世瞩目。但同时,党面临的执政考验、改革开放考验、

---

① 《列宁选集》第四卷,人民出版社第 2012 年版,第 51 页。
② 《列宁全集》第七卷,人民出版社 2013 年版,第 272 页。
③ 中共中央文献研究室:《十七大以来重要文献选编》下,中央文献出版社 2013 年版,第 824 页。

市场经济考验、外部环境考验是长期的、复杂的、严峻的,党内存在的精神懈怠危险、能力不足危险、脱离群众危险、消极腐败危险也是客观存在的,再加上社会环境纷繁复杂、人民对反腐败期望不断上升、腐败现象短期内难以根治等外在环境的变化,保持党在组织上的纯洁性比以往任何时候都更为困难、更为重要。如果我们党不能始终保持在组织上的纯洁性,就会严重损害党的纯洁性,损害党同人民群众的血肉联系,影响长期执政和中华民族伟大复兴中国梦的实现。而要解决这些问题,必须从保持党的纯洁性入手,采取各种措施不断增强党自我净化、自我完善、自我革新、自我提高的能力,由内而外、自上而下开展党的自我革命,确保党在组织体系、党员队伍、领导干部、基层组织各方面的纯洁性,不断夺取中国特色社会主义事业新胜利。

2. 保持党的组织纯洁的基本内涵

保持党的组织纯洁最终表现在保持党员队伍纯洁和党的领导干部队伍纯洁两个方面。

(1)保持党员队伍纯洁

党员是党组织的细胞,党员队伍纯洁是党的组织纯洁性的直接体现。列宁明确指出,"世界上只有我们这样的执政党,即革命工人阶级的党,才不追求党员数量的增加,而注意党员质量的提高和清洗'混进党里来的人'"[1]。陈云在谈到如何做一个共产党员时,也强调指出:"中国共产党是中国无产阶级的先锋队。中国共产党要成为无产阶级的先锋队,其重要条件之一,就是要保持党的成分的纯洁。"[2]1926年,党的早期领导人恽代英曾为共产党员提出五条标准。此后,在党的建设实践中,关于党员标准的论述逐渐丰富并成熟起来。毛泽东提出,党员应该是"以革命利益为第一生命"的,是实事求是的模范、学习的模范、最富有牺牲精神的先进分子。陈云在《怎样做一个共产党员》中提

---

[1] 《列宁选集》第四卷,人民出版社1995年版,第51页。
[2] 《陈云文选》第一卷,人民出版社1995年版,第129页。

出了党员的六条标准,即立志终身为共产主义奋斗,坚持革命的利益高于一切,坚决遵守党的纪律、严守党的秘密,百折不挠地执行党的决议,要做群众的模范,坚持学习。1945 年,针对国内革命形势的变化,毛泽东强调,如果我们要取得全国胜利,"就要有一个有纪律的、思想上纯洁的、组织上纯洁的党,合乎统一的标准的党"①。这些标准为树立党员队伍纯洁性的标准提供了重要参考。

进入中国特色社会主义新时代,对于我们这样一个世界第一大党而言,如何保持党员队伍的纯洁品质是必须解决的现实问题。在实践中,必须坚持把政治标准放在衡量党员是否合格的首位,坚持个别吸收的原则,结合时代特点,既要最广泛地把社会方方面面的先进分子吸收到党员队伍中来,又要及时彻底地把蜕化变质分子、腐败堕落分子清除出去,使党成为名副其实的无产阶级的先锋队。但不可否认的是,当前,有的人存在入党动机不纯、在党表现不佳的问题。这类人不是因为信仰马克思主义而入党,更不是为了为中国特色社会主义、共产主义事业而奋斗的信念入党,而是为了个人的功名利禄、升官发财把入党作为获取利益、沽名钓誉的政治资本;这类人组织纪律观念淡薄,不仅游离于党组织之外,不按长期要求参加组织生活,而且热衷于各种宗派主义、圈子文化、码头文化,讲求利益互换、相互利用,导致局部政治生态异化,影响党组织的创造力、凝聚力、战斗力。因此,保持党员队伍的纯洁性就要先把这些问题党员管理好,将屡教不改的落后分子及时清理出去,整治党员队伍中存在的"组织不纯"问题。

(2)保持党的领导干部队伍纯洁

保持党在组织上的纯洁性,关键在于抓好党的领导干部队伍。领导干部是处在党和人民事业的领导岗位上的中坚骨干力量,是带领人民群众实现民族复兴的组织者、落实者和推动者,他们的纯洁性建设成效直接关系党的形象和执政能力。从党的六届六中全会上提出来的"任人唯贤"的干部路线和"德才兼

---

① 《毛泽东文集》第三卷,人民出版社 1996 年版,第 261 页。

备"的干部原则,到新中国成立后提出的"又红又专"干部选用方向,到改革开放之初确立的"革命化、年轻化、知识化、专业化"的新时期干部政策指导方针,再到 2018 年的全国组织工作会议提出的"培养忠诚干净担当的高素质干部"的目标和"德才兼备、以德为先、任人唯贤"的用人标准,中国共产党始终坚持德才兼备、以德为先的原则,始终重视发挥"德"在培养和任用党的干部中的方向性作用,坚持以对党忠诚、服务人民、廉洁自律为重点,加强对干部政治品质和道德品行的考核,从每一位领导干部的培养、选拔、任用开始做好领导干部队伍的纯洁性建设工作,为党和人民选好干部、配好班子。

保持党在组织上的纯洁性,需要依靠领导干部队伍的纯洁来保障。党的领导干部既是保持党的纯洁性的组织者和领导者,又是保持党的纯洁性的执行者和实践者。这就决定了党的领导干部在保持党的纯洁性方面负有极为重要的责任,必须时时处处用党的纯洁性要求对照自己、检点自己、修正自己、提高自己,以自己率先垂范的实际行动充分体现党的纯洁性。一是领导干部要以无产阶级的党性原则要求自己,本着彻底的唯物主义精神经常检视自身、常思己过,牢记"为了谁、依靠谁、我是谁",明大德、守公德、严私德,清清白白做人、干干净净做事,坚决摆脱一切利益集团、权势团体、特权阶层的围猎腐蚀,勇于向党内被这些集团、团体、阶层所裹挟的人开刀。二是领导干部要主动接受党内监督、群众监督,自觉把自己置于党和人民事业所需要的各种监督之下,充分听取群众意见,扎实开展批评与自我批评,真正形成团结协作、高效运转、及时发现和解决自身问题的工作机制,不断提高领导班子自我纯洁净化、自我完善的能力。三是对重点领域、重点部门、重点岗位的领导干部要重点管理,建立健全从严管理、从严要求干部的各项具体制度,加强对权力运行的监督制约,加快完善惩治和预防腐败体系,始终保持惩治腐败的高压态势,以反腐倡廉的实际成效维护和体现党的纯洁性。

3. 保持党的组织纯洁的基本要求

保持党的组织纯洁不是一点一面的工作,更不是一朝一夕的事情,需要全党上下齐心、共同建设。构建严密高效的组织体系,贯彻落实党的组织路线,遵守和维护党的组织纪律,重视党员的选拔、培育、管理,可以使党的组织领导坚强有力,组织凝聚力、号召力不断彰显,组织队伍纯洁无瑕。

(1)构建严密高效的组织体系

党的组织体系代表着"政党组织机构、上下级关系和意志执行系统的整体构造"①,"是在党的全面领导下,以科学理论为指导,以中央、地方和基层为组织架构,以严格纪律维系坚强的纯洁的政治组织体系"②。2018 年 7 月,习近平在全国组织工作会议上明确指出:"我们党是按照马克思主义建党原则建立起来的,形成了包括党的中央组织、地方组织、基层组织在内的严密组织体系。这是世界上任何其他政党都不具有的强大优势。"③正是基于这样的组织优势,我们党最终成为世界第一大执政党,并始终保持生机和活力。

新时代,保持党在组织上的纯洁性就要利用好、发挥好我们党在组织体系上的强大优势,继续构建严密高效的组织体系。这里有两个问题需要注意。一是要理顺党组织体系,坚决维护习近平同志党中央的核心、全党的核心地位,坚决维护党中央权威和集中统一领导。从纵向上看,党的组织体系包括党的中央组织、地方组织、基层组织。其中,党中央相当于党的大脑和中枢,对党的行动决策负有指挥统领职责,因此必须要有定于一尊、一锤定音的权威;党的地方组织的根本任务是确保党中央决策部署贯彻落实,有令即行、有禁即止;基层党组织作为党的肌体的"神经末梢"和"战斗堡垒",要贯彻落实好党中央和上级党组织决策部署,发挥好把方向、管大局、保落实的重要作用。从横向上看,党的组织体系包括各级党的代表大会、党的委员会、常务委员会等,其中党委会由党代会选举产生,向同级党代会负责并报告工作;常委会由党委会选举产生,定期

---

① 齐卫平:《新时代党的组织路线研究:政党组织化与组织路线化》,《江苏行政学院学报》2020 年第 6 期。

② 祝福恩、张滨:《中国共产党百年组织体系建设的基本经验研究》,《理论探讨》2021 年第 3 期。

③ 习近平:《在全国组织工作会议上的讲话》,人民出版社 2018 年版,第 12 页。

向全委会报告工作并接受其监督。党的最高领导机关是党的全国代表大会和它所产生的中央委员会。党的政治局、中央政治局常务委员会和中共中央总书记,由中央委员会全体会议选举产生。这种权力授受关系有效保证了党内权力来源于全体党员,党中央是全党的领导核心。二是党的组织体系建设是整体性、系统性的而非碎片化的,必须注重从整体上加强组织体系建设。党的组织体系本身就是一个层次明确、内容复杂、要素多样的立体结构,无论是中央组织、地方组织、基层组织,还是普通党员、党员领导干部,他们的地位、规模、任务、职能职责、工作方式都存在一定差异,要让这些不同的人和事做到上下协调、步调一致,就要用系统性的思维和方法将组成党组织的各个部分、各个细小的基本群体联系起来、整合起来,从优化组织机构着手,按照组织类型分层次、抓重点,通过整合组织资源、协调组织关系、减少组织损耗、激发组织活力,提高整个党组织的"粘合度",使之相互配合与协同运动并呈现出一种系统性特征。①

(2)贯彻落实党的组织路线

党的组织路线是党在一定历史时期内根据政治路线的需要而制定的关于组织工作总的原则和方针,主要包括党的组织原则、组织制度、组织纪律、干部政策、干部制度、干部路线、干部标准、基层组织建设的要求和党员标准等内容。党的十八大以来,以习近平同志为核心的党中央高度重视党的组织建设,在2018年7月全国组织工作会议上的讲话中,习近平对新时代党的组织路线作出科学概括,明确指出新时代党的组织路线,即"全面贯彻新时代中国特色社会主义思想,以组织体系建设为重点,着力培养忠诚干净担当的高素质干部,着力集聚爱国奉献的各方面优秀人才,坚持德才兼备、以德为先、任人唯贤,为坚持和加强党的全面领导、坚持和发展中国特色社会主义提供坚强组织保证"②。这一论断的提出,实现了组织与人的有机统一、目的与手段的有机统一,又充分体

---

① 段光鹏、王向明:《党的组织体系建设的百年演进、特点与经验》,《新疆社会科学》2021年第4期。

② 习近平:《在全国组织工作会议上的讲话》,人民出版社2018年版,第11页。

现了组织体系、组织结构与组织功能的有机统一,丰富了党的组织路线的内涵与外延。

习近平在中央政治局第二十一次集体学习时指出:"党的历史表明,什么时候坚持正确组织路线,党的组织就蓬勃发展,党的事业就顺利推进;什么时候组织路线发生偏差,党的组织就遭到破坏,党的事业就出现挫折。"[①]新时代,党的组织路线建设以聚焦当前组织工作重难点问题为突破口,坚持全面从严治党,坚决清除党内的腐败现象和各种不正之风,保持和发扬党的优良传统和作风;实行党政职能分开,改善党的领导制度、领导方法和领导作风,加强党的领导作用;坚持民主集中制原则,在高度民主的基础上实现高度集中,加强组织纪律性,健全党的生活,保持党在思想上的高度一致以及组织上的巩固和统一;正确执行党的干部路线和干部政策,按照德才兼备的标准培养、选拔、任用干部,要全面、准确地按照革命化、年轻化、知识化、专业化的要求,搞好各级领导班子的建设,建设一支高素质的干部队伍;加强党的基层组织建设,发挥共产党员的先锋模范作用,提高党组织的战斗力等。我们党通过刀刃向内的自我革命,与时俱进地解决了党的组织建设中的重大理论与现实问题,指明了新时代党的组织工作的前进方向与实现路径,推动党的组织体系不断完善。目前,我们党推进组织建设目标要求更加明确,不断凝聚组织建设各方力量,组织纯洁的建设成效日益显现。

(3)遵守和维护党的组织纪律

党的组织纪律是处理各级党组织之间以及党组织和党员之间关系的行为规范,是维护党的团结统一的重要保证。习近平在党的十八届中央纪委三次全会上强调,全党同志要"相信组织、依靠组织、服从组织,自觉接受组织安排和纪律约束,自觉维护党的团结统一"[②]。但是,当前有的地方和部门仍存在组织观念薄弱、组织涣散、纪律松弛的问题。比如,有的党员干部目无组织纪律,跟组

---

① 中共中央党史和文献研究院:《十九大以来重要文献选编》中,中央文献出版社 2021年版,第 596 页。

② 《习近平关于全面从严治党论述摘编》,中央文献出版社 2016 年版,第 102 页。

织讨价还价,不服从组织安排和决定,把自己凌驾于组织之上,热衷于搞家长制、"一言堂",独断专行,甚至把主政的单位和地方当成自己的"独立王国",用干部、作决策不按规定向上级报告,搞小山头、小团伙、小圈子;有的党员干部该请示的不请示,该汇报的不汇报,有事瞒着组织,搞"先斩后奏""边斩边奏",甚至"斩而不奏";有的党员干部集中不够,班子成员各自为政,互不买账、互不服气,内耗严重;有的党员干部跑风漏气,将组织的内部决定和考虑向相关人员通风报信,说情、打招呼、拉票、助选,干预人事安排,插手案件查办;有的党员干部讲关系不讲原则,把上下级关系变成人身依附关系,搞团团伙伙、帮帮派派;有的党员干部缺乏严肃认真的组织生活,等等。以上这些形形色色的自由主义、分散主义、个人主义问题已经成为党的一大隐患,如不认真解决,任其发展蔓延,党的团结统一就会遭到破坏,党的执政根基就会发生动摇。①

遵守和维护党的组织纪律,一是要严格遵守"四个服从",即党员个人服从党的组织、少数服从多数、下级组织服从上级组织、全党各个组织和全体党员服从党的全国代表大会和中央委员会,这是对党内生活秩序的总概括。其中,全党各个组织和全体党员服从党的全国代表大会和中央委员会是"四个服从"的核心。这就要求各级党组织和所有党员必须在思想上政治上行动上与以习近平同志为核心的党中央保持高度一致,自觉维护党中央权威,确保有令必行、有禁必止;党员干部要毫无例外地把自己置于党的组织之下,正确处理个人与组织的关系,既要相信组织、依靠组织、服从组织,又要拥护组织、维护组织、服务组织,任何时候都与党同心同德、同向同行。二是要严格执行民主集中制。民主集中制是我们党的根本组织原则和领导制度。习近平强调:"民主集中制、党内组织生活制度等党的组织制度都非常重要,必须严格执行。"②全党要从领导干部、领导班子入手,以坚持和完善集体领导和个人负责相结合的制度不断加强民主集中制建设。我们党通过坚持集体领导、民主集中、个别酝酿、会议决

---

① 张世良:《怎样炼成新时代好党员》,人民出版社 2018 年版,第 119—120 页。
② 《习近平谈治国理政》,外文出版社 2014 年版,第 396 页。

定,既确保集体决策的方向性、科学性,又让个人对其分管的事情负起责任,反对遇事推诿、互相扯皮和无人负责;既发扬了民主,保障了党员的民主权利,调动了党员和党组织的积极性,又维护了党的集中统一和党中央权威;既反对了部分领导干部的封建家长制、官僚作风,又遏制了脱离党的领导的无政府主义、极端民主化倾向和软弱涣散等现象,实现了党的组织团结统一。

(4)重视党员的选拔、培育、管理

党员个体的纯洁是党的组织纯洁的基石,因此,保持党在组织上的纯洁性要重视党员素质,严格把控党员在选拔、培育、管理中的重要关卡,为党内输送优秀人才。

一是要把好党员"入口"关,从源头上确保党员质量。正如列宁所说,"党的大门只容其中能够经受极严格考验的人进来"①。因此,各地的基层党组织要把发展党员作为一项政治任务来抓。针对新发展的每一位党员,首先要认真考察其入党动机是否纯洁,把那些意图升官发财的别有用心者筛除出去;其次是入党介绍人要履行好"红娘"的职责,挖掘吸引各界优秀的人才,并把他们引荐到党组织中;再次要充分发挥群众对申请入党人员的评价作用,把群众意见作为入党审查的重要参考;最后要发挥基层党组织对申请入党人员考察和表决权,通过党员集体表决,把不合格分子排除在外。只要全党都能把发展党员作为一项重要的政治任务,通过层层审核后的新发展党员就一定是思想道德素质高、能力出众、德才兼备的优秀人才,党员质量就一定能得到有效提升。

二是要加强党员的日常管理。党员日常管理工作是党的组织工作的常态内容。新时代加强党员日常管理要从制度机制建设入手,重点聚焦党的组织生活质量提升和组织纪律落实两方面,坚持守正与创新相结合,推进党的组织纯洁落到实处。在党组织生活方面,要严格落实"三会一课"制度、民主生活会和组织生活会制度、党员民主评议制度和谈心谈话制度,坚持领导干部带头示范,积极创新多种形式调动党员参与的积极性。

---

① 《列宁全集》第三十七卷,人民出版社 2017 年版,第 355 页。

三是建立健全党员退出机制。目前,中国共产党已经是世界上规模最大的政党。对于大部分党员而言,除了因离世和因违纪违法被开除党籍者,只要不犯"大事",似乎都享有实际上的"党员终身制",这对党组织质量提升、对保持党的先进性和纯洁性都是不利的。因此,发展和健全党员退出机制,除了把违纪违法党员清除出党员队伍以外,还要注意把那些过去隐藏在党组织中的"不合格党员"找出来,并经过一定的程序随时予以淘汰。所谓的"不合格党员",可能有多种表现形式,要么是革命意志衰退、组织观念淡薄、党性观念不强,要么是对党章、党规中要求"作为"的而"不作为",要么是不履行党员义务以及不完成党组织分配的任务,他们虽不违法但严重影响了党在人民群众心中的形象,应该被及时清退出去。

(四)始终保持党在作风上的纯洁性

作风问题本质上是党性问题。对我们共产党人来讲,能不能解决好作风问题,是衡量对马克思主义的信仰、对社会主义和共产主义的信念、对党和人民的忠诚的重要标尺。保持党在作风上的纯洁性,要求各级党组织和广大党员、党的领导干部必须坚持发扬党的理论联系实际、密切联系群众、批评和自我批评以及谦虚谨慎、不骄不躁、艰苦奋斗等优良作风,坚持贯彻党从群众中来、到群众中去的工作路线和调查研究的工作方法,坚决反对主观主义、官僚主义、形式主义、以权谋私、弄虚作假和个人专断、追求奢华等不正之风。

1. 作风纯洁是保持党的纯洁性的关键

中国共产党从诞生之日起,就把党的作风建设看作关系人心向背、关系党的生死存亡的重要内容,把培育和弘扬党的优良作风作为一项重要工作来抓。比如,中国共产党在 20 世纪三四十年代在延安形成的理论联系实际、密切联系群众、批评与自我批评三大优良作风,为夺取抗战胜利和民主革命的胜利奠定了重要的思想政治基础;在中国新民主主义革命即将胜利之际,在西柏坡形成的"务必使同志们继续地保持谦虚、谨慎、不骄、不躁的作风,务必使同志们继续地保持艰苦奋斗的作风"①,巩固和加强了党的执政地位;新中国成立后,我们党明确提出了"三坚持三反对";党的十八大以来,以习近平同志为核心的党中央高度重视党的作风建设,先后开展了反对"四风"、党的群众路线教育实践活动、"三严三实"专题教育、"两学一做"学习教育、"不忘初心、牢记使命"主题教育等多项活动,在全党形成了爱党爱国、艰苦奋斗、团结协作、求真务实的精神氛围……正是不断坚持和发展的党的作风建设,有力保持了党在作风上的纯洁性,为我们党应对执政考验,化解执政风险,实现长期执政提供了坚实的保证。

作风纯洁是保持党的纯洁性的关键。习近平指出:"党的作风是党的形象,是观察党群干群关系、人心向背的晴雨表。党的作风正,人民的心气顺,党和人民就能同甘共苦。实践证明,只要真管真严、敢管敢严,党风建设就没有什么解决不了的问题。作风建设永远在路上。"②事实证明,党的作风一旦出现问题,党同人民群众的血肉联系就会受到影响。如果任其发展,不及时纠正,就会发展为阻隔在党和人民群众中间的一道"鸿沟",久而久之,党就会失去根基、血脉和力量。与此同时,党的作风也是政风国风、社会风气的指向标。正所谓,党风正,政风就正,社会风气也就正;反之亦然。党的十八大以来,以习近平同志为核心的党中央把作风建设作为全面从严治党的切入点,在实践中纯洁党的作风。2014年5月,习近平在参加河南省兰考县委常委班子专题民主生活会时讲话指出,作风建设要抓常、抓细、抓长。2014年10月,习近平在党的群众路线教育实践活动总结大会上的讲话中强调党的作风纯洁:"要从解决'四风'问题延伸开去,努力改进思想作风、工作作风、领导作风、干部生活作风……使党的作风全面纯洁起来。"③此外,中央的八项规定和"六项禁令"等一系列细致明确的制度、规定,反映了我们党"踏石留印、抓铁有痕"的举措和决心,为党的作风建

---

① 《毛泽东选集》第四卷,人民出版社1991年版,第1438—1439页。
② 《习近平谈治国理政》第二卷,外文出版社2017年版,第44页。
③ 习近平:《在党的群众路线教育实践活动总结大会上的讲话》,人民出版社2014年版,第26页。

设提供了可操作的制度范本。2020 年一年,全国共查处违反中央八项规定精神问题 136203 起,处理人数 197761 人,党纪政务处分 119224 人,体现了党在保持作风纯洁上的决心和毅力。经过党的十八大以来的持续努力,党内不正之风的蔓延势头得到了有效遏制,新时代党的优良作风正在逐渐形成。

2. 保持党的作风纯洁的基本内涵

党的作风是党员思想、学习、工作、生活态度的集中反映,是政党的政治信念、价值观念的行为外显。保持党的作风纯洁,就是要始终保持党在思想作风、工作作风、生活作风、文风和学风上的纯洁性。

(1)保持党的思想作风的纯洁性

所谓思想作风,是指党的各级组织和党员所呈现的精神状态和在思维方式与思想观念上表现出来的风格和特点。① 党成立以来,我们始终重视思想建党,并把保持思想作风上的纯洁性作为党在作风建设上的一贯主张。1938 年在党的六届六中全会上,毛泽东首次提出"实事求是"。他说,"共产党员应是实事求是的模范,又是具有远见卓识的模范。因为只有实事求是,才能完成确定的任务"②。1941 年 5 月,毛泽东提出,把马列主义理论与中国革命实际相结合的"这种态度,就是实事求是的态度","就是党性的表现,就是理论和实际统一的马克思列宁主义的作风"。③ 经过延安整风和党的七大,"实事求是"被确立为党的思想路线,并于党的七大正式被写入党章。实践已经证明,我们党之所以能够从小到大、由弱到强,成为世界上最大的执政党,成功地领导中国人民在革命、建设和改革道路上取得一个又一个伟大胜利,其中的重要法宝之一就是实事求是。

但近年来,由于党内党外多种复杂因素相互交织,"实事求是"这个中国共

---

① 王炳林:《党的思想作风建设的理论思考》,《北京师范大学学报》(人文社会科学版) 2002 年第 4 期。

② 《毛泽东选集》第二卷,人民出版社 1991 年版,第 522—523 页。

③ 《毛泽东选集》第三卷,人民出版社 1991 年版,第 801 页。

产党优秀的思想作风在个别党员干部身上逐渐退化,甚至消失。比如,表现在有的党员身上的鸵鸟心态、形式主义、弄虚作假、故步自封,影响全面深化改革,违背了实事求是的科学精神;表现在有的党员身上的爱图虚名、爱装门面、爱搞"花架子"、爱弄"假样子",违背了实事求是的务实精神。上述这些表现归根结底都是丢失了党实事求是的思想作风,毫无实事求是之意,是想法不切实、做事不扎实、工作不落实的表现,更是党性不纯、不正、不真的表现。党的十八大以来,习近平多次强调党的思想作风建设说,"实事求是,是马克思主义的根本观点,是中国共产党人认识世界、改造世界的根本要求,是我们党的基本思想方法、工作方法、领导方法"①,全党同志要"弘扬忠诚老实、公道正派、实事求是、清正廉洁等价值观,坚决防止和反对个人主义、分散主义、自由主义、本位主义、好人主义,坚决防止和反对宗派主义、圈子文化、码头文化,坚决反对搞两面派、做两面人"②。中国特色社会主义进入新时代,保持实事求是的思想作风要求我们党时时处处求真知、办实事,以实事求是的思想作风洗涤灵魂、消淤祛邪、灌注于行,推动中华民族伟大复兴的事业不断前进。

(2)保持党的工作作风的纯洁性

党的工作作风是指党组织和党员个人在工作中表现出来的一贯态度和行为。无论是在革命战争年代,还是在社会主义建设时期和改革开放时期,我们党都十分注重党的工作作风建设。如,土地革命战争时期,毛泽东在三湾改编时宣布了行军纪律,即"说话要和气,买卖要公平,不拿群众一个红薯"③,在井冈山前进途中规定了"三大纪律""八项注意";延安时期,党在实际工作中形成了"只见公仆不见官"的"延安作风";党的七届二中全会上,毛泽东提出"务必使同志们继续地保持谦虚、谨慎、不骄、不躁的作风,务必使同志们继续地保持

---

① 习近平:《在纪念毛泽东同志诞辰 120 周年座谈会上的讲话》,人民出版社 2013 年版,第 17 页。

② 习近平:《决胜全面建成小康社会 夺取新时代中国特色社会主义伟大胜利——在中国共产党第十九次全国代表大会上的报告》,《人民日报》2017 年 10 月 28 日。

③ 《毛泽东年谱(1893~1949)》(修订本),中央文献出版社 2013 年版,第 220 页。

艰苦奋斗的作风"的"两个务必";新中国成立后,我们党持续开展了反对形式主义和官僚主义运动。这些实践不仅树立了党的工作作风样本,而且积累了宝贵的实践经验。

党的工作作风是思想作风外在的表现。习近平多次强调:"我们抓作风建设,归根到底,就是希望各级干部都能树立和发扬好的作风,既严以修身、严以用权、严以律己,又谋事要实、创业要实、做人要实。"①"三严三实"就是实事求是的思想作风在工作中的现实表现。严以修身,就是要加强党性修养,坚定理想信念,提升道德境界,追求高尚情操,自觉远离低级趣味,自觉抵制歪风邪气。严以用权,就是要坚持用权为民,按规则、按制度行使权力,把权力关进制度的笼子里,任何时候都不搞特权、不以权谋私。严以律己,就是要心存敬畏、手握戒尺,慎独慎微、勤于自省,遵守党纪国法,做到为政清廉。谋事要实,就是要从实际出发谋划事业和工作,使点子、政策、方案符合实际情况、符合客观规律、符合科学精神,不好高骛远,不脱离实际。创业要实,就是要脚踏实地、真抓实干,敢于担当责任,勇于直面矛盾,善于解决问题,努力创造经得起实践、人民、历史检验的实绩。做人要实,就是要对党、对组织、对人民、对同志忠诚老实,做老实人、说老实话、干老实事,襟怀坦白,公道正派。空谈误国,实干兴邦。无论是实现社会主义现代化还是实现中华民族伟大复兴,最重要的就是实干,是全体党员秉着实事求是的精神在工作中讲实情、出实招、办实事、求实效。只有讲实情,才能出实招,只有出实招,才能办实事,只有办实事,才能出实效,人民群众才能对党的工作感到满意,否则再美的蓝图也是"镜中花",再好的决策也是"水中月"。

(3)保持党的生活作风的纯洁性

党的生活作风,是指党员和领导干部在工作场合、工作时间以外,进行个人和家庭等非工作性质的社会交往活动时的行为和态度。党是中国工人阶级的先锋队,是中国人民和中华民族的先锋队,是中国特色社会主义事业的领导核

---

① 《习近平关于全面从严治党论述摘编》,中央文献出版社2016年版,第158页。

心,这决定了党员个人的生活作风关乎党的外在形象,关系党风建设的成败,关系党的宗旨和中华民族伟大复兴的中国梦能否实现,影响群众对党的认同和对马克思主义的认同。因此,党员和领导干部的生活作风并非个人的私事。正如习近平在任浙江省委书记时指出:"风成于上,俗形于下。领导干部的生活作风和生活情趣,不仅关系着本人的品行和形象,更关系到党在群众中的威信和形象,对社会风气的形成、对大众生活情趣的培养,具有'上行下效'的示范功能。"①

当前领导干部的生活作风总体上是健康的、积极的,但也存在一些问题。主要表现在:有的党员干部热衷于吃喝玩乐,又是山珍海味、名酒佳酿,又是巧立名目旅游考察,生活上讲排场、好面子,攀比斗富,挥金如土,穷奢极欲;有的党员干部思想空虚,精神萎靡,利用手中职权与管理服务对象中的异性发生或保持不正当性关系;有的党员干部疏于家风建设,漠视或纵容家属在幕后收钱敛财,甚至帮助子女利用自己的"人脉""面子"非法牟利。从现实来看,党员干部的蜕化变质往往就是从生活作风不检点、生活情趣不健康开始的,往往都是从吃喝玩乐这些事起步的。如果领导干部在生活作风上不检点、不正派,在道德情操上打开了缺口、出现了滑坡,那就很难做到清正廉洁,很难对社会风气起到正面引导和促进作用。因此,习近平强调:"在当前复杂的社会环境下,各级领导干部要加强思想道德修养,注重培养健康的生活情趣,正确选择个人爱好,慎重对待朋友交往,明辨是非,克己慎行,讲操守,重品行,时刻检点自己生活的方方面面,始终保持共产党人的政治本色。"②

(4)保持党的文风和学风的纯洁性

改进党的作风必须要改进党的文风。毛泽东在延安时期批评当时存在的党八股的不良文风时指出:"党八股是藏污纳垢的东西,是主观主义和宗派主义的一种表现形式。它是害人的,不利于革命的,我们必须肃清它。"③新时

① 习近平:《之江新语》,浙江人民出版社2007年版,第261页。
② 习近平:《之江新语》,浙江人民出版社2007年版,第261—262页。
③ 《毛泽东选集》第三卷,人民出版社1991年版,第827页。

代,习近平多次强调要改进文风,完善学风,他说,"党的历史经验证明,文风不正,危害极大。它严重影响真抓实干、影响执政成效,耗费大量时间和精力,耽误实际矛盾和问题的研究解决。不良文风蔓延开来,不仅损害讲话者、为文者的自身形象,也降低党的威信,导致干部脱离群众,群众疏远干部,使党的理论和路线方针政策在群众中失去吸引力、感召力、亲和力"①。文风反映的是党的精神状态和思想面貌,是共产党人说话办事的风格,是共产党人干事业的形象,是共产党人和实践、和人民群众之间的联系程度。要树立良好的文风,核心就是反对"长、空、假",倡导"短、实、新",也就是要写简短精练的文章,讲符合实际的话,提出解决问题的新思路、新举措。

党的学风与文风密切相关,学风是文风的基础,文风是学风的外在表现。一般来讲,有什么样的学风就有什么样的文风。我们党历来重视学习、善于学习。百年以来,党取得的每一个胜利,都是全党同志把人类各种先进思想和文化知识内化为进一步认识和改造世界有力武器的结果。当前,我们党已经站在了实现中华民族伟大复兴的关键时刻,应对复杂多变的国际形势,把握改革发展稳定大局,都对我们党的执政能力和执政水平提出了新的要求。习近平强调,"全党同志特别是各级领导干部都要有加强学习的紧迫感","我们的干部要上进,我们的党要上进,我们的国家要上进,我们的民族要上进,就必须大兴学习之风,坚持学习、学习、再学习,坚持实践、实践、再实践"。② 有学习才有未来,只要全党重视学习、善于学习,我们党的执政能力就会增强,中华民族伟大复兴的中国梦就会实现。

3. 保持党的作风纯洁的基本要求

进入新时代,以习近平同志为核心的党中央高度重视党的作风建设,对保持党的作风纯洁提出以下基本要求。

---

① 中共中央文献研究室:《十七大以来重要文献选编》中,中央文献出版社 2011 年版,第 671 页。

② 《习近平谈治国理政》第一卷,外文出版社 2014 年版,第 403、407 页。

（1）坚持和发展党的群众路线

习近平指出，"工作作风上的问题绝对不是小事，如果不坚决纠正不良风气，任其发展下去，就会像一座无形的墙把我们党和人民群众隔开，我们党就会失去根基、失去血脉、失去力量"①。当前，有的同志之所以在作风建设上出现这样或那样的问题，非常重要的原因就是没有坚持和发展好党的群众路线，与人民群众离心离德，最终被人民抛弃。党的根基在人民，党的力量在人民。坚持和发展群众路线是我们党的生命线和根本工作路线。党的群众路线是一切为了群众，一切依靠群众，从群众中来，到群众中去。这里包含了以下两个方面的含义。一是从价值和理念上看，党的事业是一切为了群众，一切依靠群众。这就要求党员干部不是在某些事情上"为了群众"，而是"一切为了人民群众"；不是在某些事情上"依靠群众"，而是"一切依靠群众"。二是从党的工作方法上讲，强调"从群众中来，到群众中去"。从群众中来不是把群众的想法和认识简单堆积或是相加，而是要经过党员干部的认识加工使之上升为党的认识和相关决策。到群众中去，就是把集中起来的党的意志，通过党员干部的宣传解释，转化为服务群众的行动自觉。走群众路线是我们党区别于其他任何政党的政治优势，是我们党的传世之宝。我们党的所有党员干部都要端正对群众的态度，增进对群众的感情，用好和发展好这一重要的工作方法。

党的十八大以来，以习近平同志为核心的党中央始终坚持从关系党和国家生死存亡的高度来抓作风建设，相继开展党的群众路线教育实践活动、"三严三实"专题教育、"两学一做"学习教育、"不忘初心、牢记使命"主题教育、党史学习教育以及学习贯彻习近平新时代中国特色社会主义思想教育，极大地扼杀了党内弥漫的形式主义、官僚主义、享乐主义和奢靡之风问题，强调了"既严以修身、严以用权、严以律己，又谋事要实、创业要实、做人要实"的领导干部修身为政之道，重申了"讲政治、有信念，讲规矩、有纪律，讲道德、有品行，讲奉献、有作

---

① 《习近平关于党风廉政建设和反腐败斗争论述摘编》，中央文献出版社、中国方正出版社2015年版，第5—6页。

为"的合格党员标准,解决了许多过去被认为解决不了的问题,刹住了许多人认为不可能刹住的歪风邪气,端正了党员干部的公私观、是非观、义利观,有效涵养了全党风清气正的政治生态。坚持和发展党的群众路线,群众利益是"试金石",也就是说要看能不能实现好、维护好、发展好最广大人民根本利益,我们的决策是不是站在人民立场上、从群众利益出发,我们的工作是不是在为人民谋利益,是不是代表最广大人民根本利益。党员、干部只有以更高标准要求自己,求真务实、真抓实干,才能保持良好的党群干群关系,才是群众期盼的纯洁作风。

(2)坚持反对"四风"和发扬党的优良作风

反对"四风"和发扬党的优良作风是一个事物的两个方面。保持党的作风纯洁,既要坚持反对"四风",又要发扬优良作风。

从总体上看,我们党的作风建设主流情况是好的,但精神懈怠危险、能力不足危险、脱离群众危险、消极腐败危险是客观存在的,这些问题同时也集中表现在形式主义、官僚主义、享乐主义和奢靡之风这"四风"上。习近平强调:"这'四风'是违背我们党的性质和宗旨的,是当前群众深恶痛绝、反映最强烈的问题,也是损害党群干群关系的重要根源。党内存在的其他问题都与这'四风'有关,或者说是这'四风'衍生出来的。'四风'问题解决好了,党内其他一些问题解决起来也就有了更好的条件。"①为此,以习近平同志为核心的党中央从一开始就以"踏石留印、抓铁有痕"的决心狠刹"四风",制定实施了中央八项规定,带头转变工作作风,部署党的群众路线教育实践活动,以"照镜子、正衣冠、洗洗澡、治治病"为总要求,切实取得反对"四风"工作实效。目前,党内"四风"问题得到明显遏制,但我们必须清醒认识到,"四风"问题具有顽固性、反复性、变异性和传染性,解决"四风"问题更不可能一蹴而就、一劳永逸。因此,反对"四风"工作必须在抓常、抓细、抓长上下功夫,使作风建设常态化、长效化。

---

① 中共中央文献研究室:《十八大以来重要文献选编》上,中央文献出版社 2014 年版,第 314 页。

发扬优良作风是我们党始终保持作风纯洁的重要法宝。2021 年 3 月 1 日，习近平在中央党校（国家行政学院）中青年干部培训班的开班式上指出："我们党团结带领人民取得了革命、建设、改革的伟大成就，很重要的一条就是我们党在长期实践中培育并坚持了一整套光荣传统和优良作风。这些光荣传统和优良作风是我们党性质和宗旨的集中体现，是我们党区别于其他政党的显著标志。党要得到人民群众支持和拥护，就必须持之以恒发扬党的光荣传统和优良作风。"①早在新民主主义革命时期，党就已经形成了三大优良作风。一是理论联系实际的作风，就是坚持实事求是，一切从实际出发，把马克思主义的普遍原理同中国革命的具体实践相结合，也就是运用马克思主义的立场、观点和方法，去分析、研究和解决中国革命的实际问题。二是密切联系群众的作风，就是相信群众，依靠群众，尊重群众，向群众学习，对群众负责的作风。三是批评和自我批评的作风，就是对党内、同志之间的缺点、错误，提出真诚而又严肃的批评，帮助犯错误的同志提高认识，取得进步；对自身的缺点、错误认真地进行自我检查，提出纠正的方法，取得深刻教训。习近平指出："不论过去、现在还是将来，党的光荣传统和优良作风都是激励我们不畏艰难、勇往直前的宝贵精神财富。"②只要我们以谦虚谨慎的态度，以坚定的意志和不屈不挠、一往无前的精神状态，保持共产党人艰苦奋斗的本色，敢于斗争、善于斗争，自觉做到理论联系实际、密切联系群众、批评与自我批评，以优良的作风确保对党的忠诚，就一定能够把我国建设成为社会主义现代化强国，中华民族就一定能够实现伟大复兴。

（3）坚持推进党风廉政建设和反腐败斗争

坚持推进党风廉政建设和反腐败斗争，是我们党一贯坚持的鲜明政治立

---

① 《习近平在中央党校（国家行政学院）中青年干部培训班开班式上发表重要讲话强调立志做党光荣传统和优良作风的忠实传人　在新时代新征程中奋勇争先建功立业》，《人民日报》2021 年 3 月 2 日。

② 人民日报社政治文化部：《与党员干部谈谈心：新时代弘扬好传统好作风》，人民出版社 2022 年版，第 2 页。

场,是人民关注的重大政治问题。习近平在庆祝中国共产党成立 100 周年大会上强调:"新的征程上,我们要牢记打铁必须自身硬的道理,增强全面从严治党永远在路上的政治自觉,以党的政治建设为统领,继续推进新时代党的建设新的伟大工程,不断严密党的组织体系,着力建设德才兼备的高素质干部队伍,坚定不移推进党风廉政建设和反腐败斗争,坚决清除一切损害党的先进性和纯洁性的因素,清除一切侵蚀党的健康肌体的病毒,确保党不变质、不变色、不变味,确保党在新时代坚持和发展中国特色社会主义的历史进程中始终成为坚强领导核心!"①腐败问题既是作风问题,也是政治问题,是对党的宗旨和人民信任的背叛与抛弃,是党面临的最大威胁。党的十八大以来,以习近平同志为核心的党中央坚持有案必查、有腐必反、有贪必肃,反腐治标的力度之大、范围之广、进展之速、效果之巨,赢得了全党全社会的拥护。据报道,2020 年,仅中央纪委国家监委立案审查调查中管干部 24 人,全国纪检监察机关共立案 61.8 万件、处分 60.4 万人,有效查处了很多政治问题和经济问题交织的腐败案件,惩处了多名金融、国企、政法等领域腐败分子,使得人民群众对党风政风满意度稳步提升。国家统计局民意调查显示,95.8% 的群众认为 2020 年全面从严治党卓有成效,比 2012 年提高了 16.5 个百分点。②

当前,反腐败斗争取得了历史性成就,但我们必须清楚地看到反腐败形势依然严峻复杂。腐败问题与政治问题、经济问题交织,传统腐败和新型腐败交织,腐败问题和不正之风交织,加上部分党员干部顶风作案,面对反腐高压不收敛、不收手,这些都为反腐败工作的进一步开展带来困难和挑战。习近平在党的十九届中央纪委五次全会上强调,"腐蚀和反腐蚀斗争长期存在,稍有松懈就可能前功尽弃,反腐败没有选择,必须知难而进",必须"坚定不移深化反腐败斗

---

① 习近平:《在庆祝中国共产党成立 100 周年大会上的讲话》,人民出版社 2021 年版,第 19—20 页。

② 石艳红:《一刻不停推进反腐败斗争》,《中国纪检监察》2021 年第 7 期。

争"①。一是要系统推进"不敢腐、不能腐、不想腐"的治理方针,在严厉惩治、形成震慑的同时,通过完善制度建设规范权力运行,通过党性教育提高党员思想觉悟,使党员干部因敬畏而"不敢腐"、因制度而"不能腐"、因觉悟而"不想腐"的良性互动。二是把握"惩、治、防"辩证统一关系,将正风肃纪反腐与深化改革、完善制度、促进治理贯通起来,坚持严惩腐败与严密制度、严格要求、严肃教育紧密结合,做实以案促改、以案促治,营造更加有序高效、纪法昌明、充满活力的政治生态环境。

① 《习近平关于全面从严治党论述摘编(2021年版)》,中央文献出版社2021年版,第385—386页。

新时代永葆党的纯洁性的
理论创新与鲜明特征

党的十八大以来,我们党在思想纯洁、政治纯洁、组织纯洁、作风纯洁的基础上,逐步形成了习近平关于党的纯洁性建设重要论述的主要内容和建设要求,深化了我们对党的自身规律、建设规律、执政规律的认识,丰富了中国化时代化的马克思主义党建理论内容。相比于科学社会主义理论中的无产阶级政党建设原理和中国共产党人的党建理论,习近平关于党的纯洁性建设重要论述表现出重大的理论创新和鲜明的方法论特征。

(一) 新时代永葆党的纯洁性的理论创新

党的十八大以来,习近平在继承马克思主义经典作家关于党的纯洁性建设理论的基础上,结合党的纯洁性和先进性建设实践,对党的纯洁性建设提出了很多新的思考和论断。如保持党的纯洁性是马克思主义政党的本质属性,党的纯洁性是党的创造力、凝聚力和战斗力的基础性源泉,党的纯洁性是战胜各种危险的法宝,党的纯洁性建设是一篇永无止境、在实践中常做常新的大文章。从"保持党的纯洁性要求"到"党的纯洁性建设",从马克思主义政党的"本质要求"到"本质属性",从"三个纯洁"到"四个纯洁",表明习近平对党的纯洁性建设思考的不断深化,形成了习近平关于党的纯洁性建设重要论述的主体内容。

1. 提出纯洁性是马克思主义政党的本质属性

2016 年,习近平在庆祝中国共产党成立九十五周年大会上的讲话中,明确指出:"先进性和纯洁性是马克思主义政党的本质属性,我们加强党的建设,就是要同一切弱化先进性、损害纯洁性的问题作斗争,祛病疗伤,激浊扬清。"①这一变化说明,我们党已经深刻认识到,纯洁性不仅是建设和发展马克思主义政党的内在要求,更体现了马克思主义政党与生俱来的、区别于其他政党的天然特质。

（1）阶级性决定了马克思主义政党的纯洁性与生俱来

相比于资产阶级惯于把自己标榜为自由、平等、博爱的全人类利益代表,无产阶级政党从一开始就毫不掩饰自己的阶级性质和阶级主张。正如马克思恩格斯在《共产党宣言》中所明确指出:"共产党人同其他无产阶级政党不同的地方只是:一方面,在无产者不同民族的斗争中,共产党人强调和坚持整个无产阶级共同的不分民族的利益;另一方面,在无产阶级和资产阶级的斗争所经历的各个发展阶段上,共产党人始终代表整个运动的利益。"②因为没有任何自己特殊的利益,也从来不代表任何利益集团、任何权势团体、任何特权阶层的利益,共产党人才得以在行动中始终保持符合无产阶级整体的、长远利益的独立信念、独立立场和独立主张。他们凭借着对"无产阶级运动的条件、进程和一般结果"③的深刻洞察,明确强调要"消灭集中表现在它本身处境中的现代社会的一切非人性的生活条件"④,"为工人阶级的最近的目的和利益而斗争"⑤,"至少是发展到使那些有决定意义的生产力集中到无产者手中"⑥,自觉担负起推翻

---

① 中共中央党史和文献研究院:《十八大以来重要文献选编》下,中央文献出版社 2018 年版,第 355 页。

② 《马克思恩格斯文集》第四卷,人民出版社 2009 年版,第 3 页。

③ 《马克思恩格斯选集》第一卷,人民出版社 1995 年版,第 285 页。

④ 《马克思恩格斯文集》第一卷,人民出版社 2009 年版,第 262 页。

⑤ 《马克思恩格斯选集》第一卷,人民出版社 1995 年版,第 306 页。

⑥ 《马克思恩格斯选集》第一卷,人民出版社 1995 年版,第 368 页。

资本主义制度、引领共产主义运动、建设"自由人联合体"的历史使命。正是这种"始终代表整个运动的利益"的阶级立场,使得马克思主义政党成为与其他政党完全不同的独立存在,确保了马克思主义政党自诞生之日起就内含的阶级纯洁、立场纯洁、信念纯洁,才被马克思恩格斯认定为唯一能够引领工人阶级进行共产主义革命的领导主体。

(2)先进性决定了马克思主义政党的纯洁性与生俱来

从政党的阶级构成来看,马克思主义政党是由无产阶级中最具共产主义觉悟的先进分子构成的,是各国工人政党中最坚决的、始终起推动作用的实践力量。他们深知,意图通过空想方案塑造无产阶级运动的方案永远不可能成功,只有用先进的理论武装自己,才能彻底摆脱资产阶级旧式政党的理论干扰,才能获得改造世界的强大力量;只有将自己的活动建立在先进理论的基础上,用无产阶级世界观和科学社会主义理论指导无产阶级革命运动,才能最终实现消灭一切阶级差别和阶级统治、建立自由人的联合体的新社会的奋斗目标。因此,马克思主义政党从成立之日起就将马克思主义作为指导思想,要求每一位党员必须具有无产阶级世界观,坚定共产主义理想信念,自觉遵守马克思主义政党组织原则。1850年,马克思恩格斯为世界上第一个无产阶级政党起草的《共产主义者同盟章程》严格规定了同盟成员应遵守的5条要求,即"不信仰一切宗教,不参加任何宗教团体和一起仪式(民法要求遵守的仪式除外);了解无产阶级运动的条件、发展道路和最终目的;不参加任何敌视同盟宗旨或阻扰这一宗旨实现的组织和局部要求;具有宣传的能力和热情、坚定不移的信念、革命的活力;严格保守同盟一切活动的秘密"①。《国际工人协会共同章程》也明确要求"每一支部应对接受的会员的品质纯洁负责"②。最终,马克思主义政党不仅用先进的马克思主义理论武装了无产阶级先进分子,而且用纯洁的理论、纯洁的组织、纯洁的肌体保证了马克思主义政党的品质纯洁。

---

① 《马克思恩格斯全集》第十卷,人民出版社1998年版,第744页。
② 《马克思恩格斯选集》第二卷,人民出版社1995年版,第612页。

(3)革命性决定了马克思主义政党的纯洁性与生俱来

革命是无产阶级的最高道德。2021 年,党的十九届六中全会审议通过的《中共中央关于党的百年奋斗重大成就和历史经验的决议》指出:"先进的马克思主义政党不是天生的,而是在不断自我革命中淬炼而成的。"在实践中,马克思主义政党的成长与壮大无时无刻不处在资产阶级和小资产阶级的包围中,无时无刻不体现在与非无产阶级的思想路线、错误思潮的斗争中。如在 19 世纪的欧洲,马克思恩格斯先后与魏特林空想社会主义、"真正的社会主义"、德国党内的议会合法主义思潮、蒲鲁东改良主义、拉萨尔主义、巴枯宁无政府主义等思想流派展开了激烈的论战;在 20 世纪的苏联,以列宁为首的马克思主义者与党内存在的孟什维克主义、民粹派思潮、伯恩斯坦修正主义、考茨基右倾机会主义、马赫经验批判主义进行了坚决的斗争;在 20 世纪的东方,中国共产党人先后与主观主义、教条主义、经验主义、宗派主义、官僚主义等党内突出的问题作出了积极的斗争;在新时代的中国,以习近平为主要代表的中国共产党人有力回击了历史虚无主义、新自由主义、民主社会主义、公民社会、"普世价值"等社会思潮。通过坚决斗争,马克思主义政党不仅将那些"满脑子都是资产阶级的和小资产阶级的观念"①的冒牌党员清除出党,有效抵制了资产阶级的不断渗透,而且避免了党的蜕化变质,捍卫了马克思主义政党的纯洁性。

2.明确纯洁性建设在党的建设中的主线作用

主线是党的建设的灵魂和方向,是党的建设总体布局的重要连接点。自中国共产党创立之日起,我们党就高度重视探索党的建设规律,但明确把党的执政能力建设和先进性建设作为党的建设主线是在党的十七大上。随着"党的建设主线"命题的提出,围绕主线问题的探索也不断深入。党的十八大提出,要牢牢把握加强党的执政能力建设、先进性和纯洁性建设这条主线,将主线问题从党的执政能力建设、党的先进性建设"双主体"拓展到党的执政能力建设、先进

---

① 《马克思恩格斯全集》第三十四卷,人民出版社 1972 年版,第 383 页。

性和纯洁性建设"三主体";党的十九大结合世情国情党情变化,对主线问题进行再论述,明确了"以加强党的长期执政能力建设、先进性和纯洁性建设为主线"的新时代党的建设总要求,确定了管党治党的重要方向。党的十八大以来,将纯洁性建设作为主线内容,充分说明了三个问题:一是影响党的纯洁性的因素是复杂的,党内存在的纯洁性弱化问题是严峻的,保持党的纯洁性具有极强的现实迫切性;二是纯洁性在党的建设中具有独立存在的重要性,纯洁性是先进性的前提和基础,长期执政能力是党的纯洁性、先进性建设成果的结果和外在表现,三者相辅相成、不可分割、不可偏废;三是在未来较长一段时间内,纯洁性建设是党加强自身建设、推进全面从严治党的重要抓手,必须常抓不懈。

(1)党的纯洁性是保持党的先进性的前提和基础

习近平在 2012 年中共中央党校春季开学典礼上指出:"党的纯洁性同党的先进性相辅相成、密不可分。纯洁性是先进性的前提和基础,先进性是纯洁性的体现和保证,二者在本质上是一致的。"[①]丧失了党的纯洁性,党的先进性也就无从谈起;一个不纯洁的政党,更不可能成为先进性的政党。因此,要确保中国共产党的先进性,保证党在思想上、行动上都处于时代前列,就必须紧抓党的纯洁性建设。一是要在整体上始终保持我们党作为马克思主义政党的本质特征;始终坚持马克思列宁主义、毛泽东思想和中国特色社会主义理论体系的指导思想;始终坚持中国特色社会主义道路;始终坚持共产主义的奋斗目标;始终坚持党要管党、全面从严治党,保持党员队伍整体的清正廉洁。二是要在党员个体培养和管理层面保持纯洁性。党的先进性和纯洁性要靠千千万万党员的先进性和纯洁性来体现,因此每一名党员的个体纯洁对于全党的整体性纯洁至关重要。尤其是党的各级领导干部,既要发挥好他们作为党的纯洁性建设的组织者和领导者、执行者和实践者的积极作用,更要把他们作为重点对象进行管理和培养,使其发挥好领导干部的带头示范作用。

---

① 中共中央文献研究室:《十七大以来重要文献选编》下,中央文献出版社 2013 年版,第 822 页。

（2）党的纯洁性是加强党的执政能力建设的重要内容和动力

从中国共产党建党百年历史来看，我们之所以赢得政权，获得执政地位，党的先进性和纯洁性特质是重要依托。当前，面对长期执政条件下的各种风险和挑战，加强党的执政能力建设同样需要依靠党的先进性和纯洁性。一是党的纯洁性建设直接关系党的执政能力、执政水平和执政地位，丧失了纯洁性，党的创造力、凝聚力、战斗力就会受到损失，可能会导致党最终失去执政资格和执政地位。二是党的纯洁性具体体现在落实党的执政能力的党员干部身上，党员干部思想政治素质是否纯洁、工作方法是否先进，直接影响着党的执政能力。只有保持党在思想、组织、作风和廉洁自律方面纯正无瑕，保持党的理论品质与时俱进，始终引领时代的潮流，才能提高党的执政本领，才能不断提高党在推动市场经济、发展民主政治、建设先进文化、构建和谐社会和驾驭国际复杂局势等方面的能力，才能推动党的执政能力建设全面提升。因此，在一定程度上可以说，抓住了先进性、纯洁性建设，就抓住了党的建设的根本，就抓住了加强党的执政能力建设、巩固党的执政地位的关键。①

（3）党的纯洁性、先进性建设与党的执政能力建设统一于党的建设本身

一方面，虽然从党的建设布局总体架构来看，党的纯洁性建设从属于先进性建设，先进性建设包含着纯洁性，但在党的建设实践中，想要抓住先进性建设这个核心，就必须注重党的纯洁性建设，以纯洁性建设带动先进性建设。因此，从这个角度来看，党的十八大以来，习近平对新时代党的建设布局"主线"的调整，将党的纯洁性纳入"主线"地位，是为了更好地加强党的先进性建设，更好地推进党的建设伟大工程所作出的安排。另一方面，无论是党的先进性、纯洁性建设，还是党的执政能力建设，实际都是党的建设的具体抓手，是我们党为了应对国内国际、党内党外复杂形势、解决长期执政条件下的各种挑战风险所做出的主动作为，目的是加强党的自身建设，提高领导水平和执政水平，巩固党的长

---

① 王红卫、张光辉：《党的先进性、执政能力建设与执政合法性的实现路径》，《大连干部学刊》2006 年第 1 期。

期执政地位。先进性、纯洁性建设和执政能力建设都是党的建设的主线,是党的建设的灵魂和方向,它们相互联系,互为依存,统一于党的建设新的伟大工程。

3. 丰富了党的纯洁性建设内涵

加强党的纯洁性建设,是我们党不断取得胜利的根本保证。我们党自成立之日起就高度重视党的纯洁性建设,始终坚持对党的纯洁性理论进行努力探索。例如,在新民主主义革命时期力求建成思想上政治上组织上完全巩固的布尔什维克政党,在社会主义革命和建设时期大力推进整党整风模式,在改革开放和社会主义现代化建设新时期提出思想纯洁、组织纯洁、作风纯洁的相关要求。2012 年习近平在中央党校二〇一二年春季学期开学典礼上的讲话中明确指出并阐释了党的纯洁性内涵,即"党的纯洁性,体现在党的思想、政治、组织和作风各个方面"。党对纯洁性建设内涵的认识逐渐清晰。

(1)新民主主义革命时期党的纯洁性建设

在新民主主义革命时期,我们党围绕如何把一个农民和小资产阶级成员占大多数的党,建设成为一个全国范围的、广大群众性的、思想上政治上组织上完全巩固的真正的马克思列宁主义政党进行了艰辛的探索。在 1929 年红四军第九次党代会上,毛泽东针对党和红军中存在的种种非无产阶级思想及其危害,提出了思想建党的原则,强调党员不但要在组织上入党,而且要在思想上入党,要经常注意用无产阶级思想改造和克服各种非无产阶级思想。1939 年 10 月,毛泽东在《〈共产党人〉发刊词》中明确提出,要"建设一个全国范围的、广大群众性的、思想上政治上组织上完全巩固的布尔什维克化的中国共产党"[1]。1942 年 5 月,毛泽东在延安文艺座谈会上的讲话中指出:"有许多党员,在组织上入了党,思想上并没有完全入党,甚至完全没有入党。这种思想上没有入党的人,头脑里还装着许多剥削阶级的脏东西,根本不知道什么是无产阶级思想,

---

[1]　《毛泽东选集》第二卷,人民出版社 1991 年版,第 602 页。

什么是共产主义,什么是党。"①为此,以毛泽东同志为核心的党的第一代中央领导集体集中通过思想教育、思想斗争、纪律整顿的方式来解决党员纯洁性的问题,构成了新民主主义革命时期党的纯洁性建设的重要内容。

一是注重用先进的理论武器吸引、团结和锻炼马克思主义者,用马克思主义理论武装全党。1938 年 10 月,毛泽东在党的六届六中全会上所作的《论新阶段》的政治报告中,首次提出了"马克思主义的中国化"的命题。1945 年,党的七大将毛泽东思想定义为"马克思列宁主义的理论与中国革命的实践之统一的思想"并写入党章,将其确立为党的指导思想,从而为我们党加强自身建设和夺取新民主主义革命胜利提供了科学指南。

二是注重同党内的错误思想进行斗争,用无产阶级思想改造和克服党内的非无产阶级思想。中国共产党创建后一段时期内,由于思想准备不足、理论修养不够,在历史上先后发生了"左"的和右的两种错误倾向,严重影响了中国革命的发展进程。由此,中国共产党人认识到,"我们党的建设中最主要的问题,首先就是思想建设问题,就是以马克思列宁主义——无产阶级的科学思想去教育和改造我们的党员、特别是小资产阶级革命分子的问题,就是和党内各种非无产阶级的思想进行斗争并加以克服的问题"②。在实践中,我们党在 1927 年的八七会议上纠正了陈独秀的右倾机会主义错误;在 1935 年的遵义会议上结束了王明"左"倾教条主义在中央的统治;在延安整风运动期间彻底清算了以王明为代表的"左"倾路线,实现了党内思想上的大团结。1938 年,毛泽东在总结建党以来党内斗争的经验时指出:"十七年来,我们的党,一般地已经学会了使用马克思列宁主义的思想斗争的武器,从两方面反对党内的错误思想,一方面反对右倾机会主义,又一方面反对'左'倾机会主义。"③正是通过反对党内的各种错误思想和错误倾向的斗争,我们党获得了伟大的进步,不仅发展壮大起来

---

① 《毛泽东选集》第三卷,人民出版社 1991 年版,第 875 页。
② 《刘少奇选集》上卷,人民出版社 1981 年版,第 327 页。
③ 《毛泽东选集》第二卷,人民出版社 1991 年版,第 530 页。

了,而且巩固了思想上政治上组织上的一致。

三是通过纪律整顿的方式加强党的作风建设。1927年,毛泽东在三湾改编时宣布了行军纪律,即"说话要和气,买卖要公平,不拿群众一个红薯"①;在向井冈山前进途中规定了"三大纪律""八项注意",确立了军队全心全意为人民服务的宗旨;古田会议通过的《中国共产党红军第四军第九次代表大会决议案》,着重批判了红军党内存在的"不耐烦和群众在一块作艰苦的斗争,只希望跑到大城市去大吃大喝"②的个人享乐主义不良作风;延安时期,中国共产党进行了第一次大规模的整风运动,不仅首次提出党风概念,而且系统地概括出党的三大优良作风,第一次将"全心全意为人民服务"作为党的宗旨列入党章,形成了"只见公仆不见官"的"延安作风";在党的七届二中全会上,毛泽东从党夺取全国政权后继续保持先进性的战略高度出发,及时告诫全党要警惕党内可能滋长的骄傲情绪、以功臣自居的情绪、停顿起来不求进步的情绪和贪图享乐不愿再过艰苦生活的情绪,提出"务必使同志们继续地保持谦虚、谨慎、不骄、不躁的作风,务必使同志们继续地保持艰苦奋斗的作风"③。"两个务必"思想的提出,是中国共产党对加强执政党作风纯洁性建设的战略性思考,是对党的作风纯洁性建设理论的进一步丰富和完善。从"三大作风"到"两个务必",表明我们党在作风建设的探索上取得了可贵的理论建树,同时也为新中国成立后进行社会主义革命和建设积累了宝贵的经验。

(2)社会主义革命和建设时期党的纯洁性建设内涵

随着新中国的成立,我国结束了半殖民地半封建社会的历史,进入了社会主义革命和建设时期,党的历史方位、主要任务和生存环境也发生了根本性变化,党的自身建设进入一个全新的阶段。在思想纯洁性建设上,以毛泽东同志为主要代表的中国共产党人坚持从思想上建设党的原则,将脱离实际、违背实事求是的主观主义作为革命和建设的主要危害。在1953年8月12日全国财经

---

① 《毛泽东年谱(1893~1949)》(修订本),中央文献出版社2013年版,第220页。

② 《毛泽东选集》第一卷,人民出版社1991年版,第94页。

③ 《毛泽东选集》第四卷,人民出版社1991年版,第1438—1439页。

工作会议上的讲话中,毛泽东明确提出要着力反对主观主义。1956年在党的八大中,我们党由于坚持了实事求是的思想路线,制定和执行了正确的政治路线和一系列方针政策,有力推动了我国社会主义实践的发展,并在随后修改的党章中进一步明确规定:"党在自己的活动中坚持马克思列宁主义的普遍真理同中国革命斗争的具体实践密切结合的原则,反对任何教条主义或者经验主义的偏向。"①在实践中,这一时期我们党相继开展了整风运动、"三反"和"五反"运动,果断处决了大贪污犯刘青山、张子善,以城乡社会主义教育运动的方式来克服党内存在的官僚主义与命令主义,进而提高执政党的拒腐防变能力。同时,在全党范围内大兴调查研究之风,坚持走群众路线,尤其特别注重发挥新闻舆论及人民群众的监督作用,不断创新保持党同人民群众血肉联系的新举措。通过新中国成立初期一系列严格的作风建设,挽救和教育了一大批党员干部,保证了优良的党风在党内凝聚,有学者甚至将这一时期称为共和国历史上党的作风纯洁性建设的难得的"黄金时代"②。

但是,从20世纪50年代后期开始,由于党逐渐偏离了实事求是的思想路线,党的纯洁性建设的一系列好的经验和想法没有坚持下来,党和国家遭受严重的损失。

(3)改革开放和社会主义现代化建设新时期党的纯洁性建设内涵

改革开放以来,中国共产党在进一步吸取"文化大革命"时期党的建设的教训的同时,深化了对"建设一个什么样的党、怎样建设党"这一问题的认识,将思想、组织、作风"三位一体"的党建布局先后扩展为思想、组织、作风、制度建设"四位一体"和思想、组织、作风、制度、反腐倡廉建设"五位一体",并提出党的思想纯洁、组织纯洁、作风纯洁相关要求。党的十七大比较系统地对党的建设总体布局作了明确阐释,即"必须把党的执政能力建设和先进性建设作为主线,坚持党要管党、从严治党,贯彻为民、务实、清廉的要求,以坚定理想信念为重点

---

① 中共中央文献研究室:《建国以来重要文献选编》第九册,中央文献出版社1994年版,第314页。

② 赵群、孙海涛:《党的纯洁性建设研究》,辽宁人民出版社2015年版,第98页。

加强思想建设,以造就高素质党员、干部队伍为重点加强组织建设,以保持党同人民群众的血肉联系为重点加强作风建设,以健全民主集中制为重点加强制度建设,以完善惩治和预防腐败体系为重点加强反腐倡廉建设,使党始终成为立党为公、执政为民,求真务实、改革创新,艰苦奋斗、清正廉洁,富有活力、团结和谐的马克思主义执政党"①。

一是思想纯洁。党的十一届三中全会前后,邓小平先是从理论上对毛泽东实事求是思想作了精辟的论证,把实事求是提升到马克思主义的世界观和方法论的高度,而且在实践中率先批判了"两个凡是"的错误方针,旗帜鲜明地支持"实践是检验真理的唯一标准"②的大讨论,使实事求是的思想路线在党内得以贯彻。此后,以邓小平、江泽民、胡锦涛同志为主要代表的中国共产党人,把马克思列宁主义的基本原理同中国改革开放和社会主义现代化建设的具体实际相结合,先后创立了邓小平理论、"三个代表"重要思想和科学发展观,形成了中国特色社会主义理论体系,实现了马克思主义中国化进程新的理论飞跃,进一步统一了全党的指导思想。

二是组织纯洁。随着"四人帮"的倒台、"文化大革命"的结束,党的组织纯洁性建设在拨乱反正、大规模平反冤假错案的基础上得到快速发展。1979 年 9月,中央组织部召开全国组织工作座谈会。会议提出新时期党的组织路线就是使党的组织工作、干部工作促进和确保四个现代化的实现,同时提出干部队伍建设"革命化、年轻化、知识化、专业化"的目标。1980 年 2 月,党的十一届五中全会通过了《关于党内政治生活的若干准则》,在总结历史上党内政治生活的经验教训的基础上,把党章的有关规定和民主集中制的原则具体化,明确提出反对个人崇拜和个人独断专行,进一步健全了党内民主生活,维护党的集中统一,增强党的团结和战斗力。进入改革开放新时期后,通过规范干部选任,严格党的组织纪律,加强了党的民主集中制建设,积极发展党内民主和重视党内监督,

---

① 中共中央文献研究室:《十七大以来重要文献选编》上,中央文献出版社 2009 年版,第 38 页。

② 《邓小平文选》第三卷,人民出版社 1993 年版,第 28 页。

推进从严治党,我们党推进党的建设新的伟大工程取得了组织纯洁性建设工作的重大进展。

三是作风纯洁。面对党的作风出现的种种问题,陈云指出,"执政党的党风问题是有关党的生死存亡的问题。因此,党风问题必须抓紧搞,永远搞","没有好的党风,改革是搞不好的"①。邓小平说,"我认为,毛泽东同志倡导的作风,群众路线和实事求是这两条是最根本的东西……对我们党的现状来说,我个人觉得,群众路线和实事求是特别重要"②,"培养好的风气,最主要的是走群众路线和实事求是这两条"③。此后,我们党持续开展了多轮整党整风活动,以此纯洁党的思想、组织和作风,包括 1983—1987 年的全面整党、1998—2000 年的"讲学习、讲政治、讲正气"党性党风教育、2000—2002 年的"三个代表"重要思想学习教育活动、2005—2006 年的保持共产党员先进性教育实践活动、2008—2009年的深入学习实践科学发展观活动、2010 年的基层党组织和党员创先争优活动,等等。这些以集中教育形式开展的整党整风活动主题不同、特点不一,但都促进了党的作风不断改进,保证了党的事业顺利发展。

(4)中国特色社会主义新时代党的纯洁性建设内涵

进入中国特色社会主义新时代,以习近平同志为核心的党中央,站在实现中华民族伟大复兴的历史高度,持续推进党的建设伟大工程,不断深化对党的纯洁性建设的认识和思考。2019 年,习近平在"不忘初心、牢记使命"主题教育工作会议上的讲话中指出:"我们党面临的'四大考验'是长期的、复杂的,面临的'四种危险'是尖锐的、严峻的,党内存在的思想不纯、政治不纯、组织不纯、作风不纯等突出问题尚未得到根本解决。"④在实践中,保持党的纯洁性就是要同一切影响党的先进性、弱化党的纯洁性的问题作坚决斗争,就是要同党内目前

---

① 《陈云文选》第三卷,人民出版社 1995 年版,第 273、275 页。

② 《邓小平文选》第二卷,人民出版社 1994 年版,第 45 页。

③ 《邓小平文选》第二卷,人民出版社 1994 年版,第 57 页。

④ 《习近平关于"不忘初心、牢记使命"论述摘编》,党建读物出版、中央文献出版社 2019 年版,第 177 页。

存在的思想不纯、政治不纯、组织不纯、作风不纯等问题作坚决斗争,使党始终保持在思想上、政治上、组织上、作风上的纯洁。由此以来,党的纯洁性建设思想的内容就由过去的思想、组织、作风三大纯洁,拓展为思想、政治、组织、作风各个方面的内容,体现了习近平关于党的建设重要思想的理论创新。思想纯洁、政治纯洁、组织纯洁和作风纯洁既是党的纯洁性的主要内容,又是进行纯洁性建设的基本要求。

一是坚持以党的政治建设为统领,永葆政治本色。党的政治建设是党的根本性建设,决定了党的建设的方向和成效,关系党的政治方向是否正确、政治组织是否团结统一、政治领导是否坚强有力。尤其是对于我们这样的世界第一大党来说,党的政治建设任务比以往任何时候都更为繁重、更为紧迫。党的十八大以来,我们已经认识到,党内存在的个人主义、分散主义、本位主义、好人主义等不良倾向,党的领导弱化、虚化、淡化、边缘化等很多问题,本质上都同政治问题相关,党的思想不纯、组织不纯、作风不纯归根结底都是政治不纯在不同领域的反映。因此,习近平强调:"讲政治,是我们党补钙壮骨、强身健体的根本保证,是我们党培养自我革命勇气、增强自我净化能力、提高排毒杀菌政治免疫力的根本途径。"①加强党的政治建设,第一,要加强党的政治领导,捍卫党的政治权威。通过增强"四个意识"、坚定"四个自信",把坚决拥护"两个确立",转化为对党的核心、党的组织、党的信仰、党的事业的忠诚坚守,转化为思想上政治上行动上同党中央保持高度一致的行动自觉。第二,要严明政治纪律和政治规矩,把严守党在政治方向、政治立场、政治言论、政治行为方面的纪律和规矩放到工作的重要位置来抓,把纪律观念和规矩意识深深扎进党员干部心中。第三,要坚定政治信仰,站稳政治立场,不断提高全党的政治判断力、政治领悟力、政治执行力,自觉地做共产主义远大理想和中国特色社会主义共同理想的忠实实践者。

---

① 《习近平关于"不忘初心、牢记使命"论述摘编》,党建读物出版、中央文献出版社2019 年版,第 107 页。

二是坚持思想建党与理论强党相统一，筑牢信仰之基。思想纯洁是马克思主义政党保持纯洁性的根本。习近平指出："回顾党的奋斗历程可以发现，中国共产党之所以能够历经艰难困苦而不断发展壮大，很重要的一个原因就是我们党始终重视思想建党、理论强党，使全党始终保持统一的思想、坚定的意志、协调的行动、强大的战斗力。"①当前，世界百年未有之大变局正加速演进，我国正处在实现中华民族伟大复兴的关键时期，我们面临的意识形态冲击、市场经济诱惑、长期执政挑战可能会更加明显，一些党员干部更容易出现这样那样的问题，这就要求我们党必须坚定理想信念，保持思想上的纯洁性，把好思想的"总开关"，补钙壮骨，固本培元，始终做到信念不减、信仰不变、信心不移。第一，坚持马克思主义思想的指导地位，用马克思主义的立场、观点、方法来观察时代、解读时代、引领时代，与一切企图削弱马克思主义指导地位的种种错误思潮作斗争，反对和抵制各种否定马克思主义、否定社会主义制度、否定党的领导的错误言行；第二，坚持以习近平新时代中国特色社会主义思想武装全党，认真领会习近平新时代中国特色社会主义思想的科学内涵，将全党思想统一到以习近平同志为核心的党中央周围，将学习习近平新时代中国特色社会主义思想转化为建设新时代中国特色社会主义的实际行动。

三是坚持以组织体系和人才队伍建设为重点，淬炼组织队伍。党的组织体系建设是新时代党的组织建设的重点。习近平在全国组织工作会议上明确指出："我们党是按照马克思主义建党原则建立起来的，形成了包括党的中央组织、地方组织、基层组织在内的严密组织体系。这是世界上任何其他政党都不具有的强大优势。"②新时代要利用好、发挥好组织优势，纯洁全党，需要注意两个问题。第一，要理顺党组织体系。党中央对党的决策部署负有领导指挥职责，地方党委和基层党组织负责确保党中央决策部署贯彻落实，各级党组织虽然规模、任务、工作方式不同，但应上下贯通，统一于党的事业大局。第二，要加

① 《习近平谈治国理政》第三卷，外文出版社2020年版，第74页。
② 习近平：《在全国组织工作会议上的讲话》，人民出版社2018年版，第12页。

强基层党组织建设,持续整顿软弱涣散的组织问题,补齐基层治理能力的短板,把基层党组织建设成为坚强有力的战斗堡垒。

人才队伍建设是纯洁党的组织的重要内容。陈云在谈到共产党员的标准时,明确指出:"中国共产党是中国无产阶级的先锋队。中国共产党要成为无产阶级的先锋队,其重要条件之一,就是要保持党的成分的纯洁。"①新时代保持党的组织队伍纯洁,需要注重三个"关口"。第一,严把"入口关",基层党组织要把发展党员作为政治任务来抓,重点考察入党人员的入党动机是否纯洁,个人品质是否纯真,对待群众是否真诚,把不合格的分子排除在外,从源头上确保党员质量。第二,严控"质量关",加强党员日常管理,重点聚焦党的组织生活质量提升和组织纪律落实两方面,坚持守正与创新相结合,推进党的组织纪律、组织路线落到实处。第三,畅通"出口关",健全党员退出机制,把那些过去隐藏在党组织中,组织观念淡薄、信仰价值迷失、不履行党员义务、不执行党的决定、不严守党的纪律的"不合格党员"找出来,并及时清理出去。

四是坚持以党风廉政建设和反腐败斗争为突破口,塑造风清气正的政治生态。腐败问题既是作风问题,也是政治问题,是党面临的最大威胁。2021年1月,习近平在党的十九届中央纪委五次全会上指出:"反对腐败、建设廉洁政治,是我们党一贯坚持的鲜明政治立场,是坚持党的性质和宗旨的必然要求,是党自我革命必须长期抓好的重大政治任务。"②保持党的纯洁性必须坚持以党风廉政建设和反腐败斗争为突破口,塑造风清气正的政治生态。第一,以查处政治腐败为重点。政治腐败是最大的腐败。我们党多次强调,一旦党的权力被利益集团窃取,领导干部蜕变为他们的代理人,党的集中统一就会被各种山头帮派打破,党的江山和事业也会变颜变色。近年来,多名党内高级干部的落马,充分说明党"打虎"无禁区、监督无特例的决心和彻底消除政治腐败的恒心。第

① 《陈云文选》第一卷,人民出版社1995年版,第129页。
② 《习近平谈治国理政》第四卷,外文出版社2022年版,第507页。

二,坚持不敢腐、不能腐、不想腐的一体化反腐败斗争基本方针。党的十八大以来,党中央坚持反腐败无禁区、全覆盖、零容忍,坚持重遏制、强高压、长震慑,使反腐败斗争取得了压倒性胜利并得到全面巩固。第三,用好巡视的反腐"利器"。巡视工作是我们党强化党内监督的重要形式。在工作中我们党要善于发现问题线索,创新巡查形式,拓展巡查内容,加强"回头看"和专项巡查,增强巡查的灵活性和全面性,让腐败问题无处遁形。

4.突出政治纯洁在党的纯洁性建设中的首要地位

突出政治纯洁的地位和作用是习近平关于党的纯洁性建设重要论述的一个非常大的亮点。习近平提出"党的政治建设是党的根本性建设"①,并在党的十九大报告中旗帜鲜明地提出了要把党的政治建设摆在首位,要求坚持以党的政治建设为统领,围绕坚持政治方向、政治路线、政治原则进行党的自身建设,确保党的先进性、纯洁性。政治纯洁首要地位的确立,主要是基于以下两个方面的原因。

(1)政治纯洁是党的纯洁性建设的灵魂

在党的建设总布局中,政治建设是首要环节,统领着党的建设方向和效果,这样的功能凸显了政治纯洁在党的纯洁性建设中的地位和作用。在政治建设中,党能不能通过坚持党中央权威和集中统一领导,保证全党服从中央,把全党牢固凝聚起来;能不能通过严明政治纪律,保证全党的指导思想和路线方针政策以及其他关系全局的重大原则问题在思想上政治上行动上同党中央保持高度一致;能不能通过坚定党的政治信仰和政治定力,筑牢全党的信仰之基,通过风清气正的党内政治生态塑造,提升良好的党建文化环境……都决定了党的政治纯洁的效果。党的政治建设抓得好不好、做得好不好,直接影响党的纯洁性建设成效,影响党的建设全局。党的政治建设如有偏差,则党的纯洁性建设就

---

① 习近平:《决胜全面建成小康社会 夺取新时代中国特色社会主义伟大胜利——在中国共产党第十九次全国代表大会上的报告》,《人民日报》2017 年 10 月 28 日。

会根无所系、魂无所依,迷失应有的方向,误入歧途甚至走向绝路,提高党的建设质量、把党建设得更加坚强有力就会成为一句空话。

政治是核心,是导向,是关键。政治纯洁是党的纯洁性建设的灵魂,对党的其他建设具有统领提携、纲举目张的作用。一是只有政治纯洁,理想信念才能坚定,思想引领力才能更强。当前,我们党的思想理论水平相比于过去任何时候都有了大幅提高,工人阶级的思想素质、全国人民的文化水平也发生了天翻地覆的变化,但总有党员干部在思想政治建设上出大问题。因此,党的思想建设要结合时代特点,突出政治信仰教育和对党的忠诚教育,塑造政治灵魂、政治品格,解决好共产党员信仰什么、如何信仰的重大问题。二是只有政治纯洁,党的组织领导力、社会号召力才能更强。以政治纯洁为核心加强党的组织建设,就是要强化党组织的政治功能,把握选人用人的政治标准,建强党的组织体系和党员队伍,提升党的组织力,树立起教育群众、引导群众的先进榜样,增强组织的号召力,为党的建设提供人才保障。三是只有政治纯洁,才能形成良好的党风。党的作风建设的核心是解决领导谁、为谁谋福祉的问题。以政治纯洁为统领加强党风党纪建设,就是要突出党同人民群众的血肉联系,严守政治纪律、政治规矩,保持党的政治立场不变、政治本色不失,增强党员干部的政治定力、道德定力、拒腐定力,培育党员干部政治气节、政治风骨,坚决抵制庸俗腐朽的政治文化,自觉抵制商品交换原则对党内生活的侵蚀,狠刹权权交易、权钱交易、权色交易等不正之风,防止和反对个人主义、分散主义、自由主义、本位主义、好人主义、宗派主义。因此,政治纯洁是党的纯洁性建设的灵魂和核心,只有抓好抓实了党的政治建设,党的其他建设才会顺利推进,党的建设才会铸魂、扎根。

(2)政治不纯是党内纯洁性问题频发的根源

党的十八大以来,通过深刻总结全面从严治党实践经验,我们认识到,当前党内存在的很多问题都同政治问题相关,归根结底都是因为党的政治建设没有抓紧、抓实。因此,习近平反复强调,"不从政治上认识问题、解决问题,就会陷入头痛医头、脚痛医脚的被动局面,就无法从根本上解决问题","全面从严治首先要从政治上看","政治问题要从政治上来解决"。① 党内存在的突出问题,究其根源是忽视政治、淡化政治、不讲政治;党内存在的"三个不纯"问题,本质上是政治不纯在思想领域、组织领域、作风领域的反应和折射。具体来看:思想不纯主要是由党员干部在思想领域存在理想信念动摇、政治觉悟不高、价值观异化等问题导致的;组织不纯主要是由组织建设领域存在的选人用人政治标准异化、执行政治纪律不严、对领导干部政治监督不到位以及政治生活不严肃、政治生态恶化等问题导致的;作风不纯主要是由在作风建设领域存在的为民服务意识不强、政治代表性弱化、政绩观异化等问题导致的。因此,要解决党的纯洁性建设中出现的思想不纯、政治不纯、组织不纯、作风不纯问题,必须把政治纯洁放在首要位置。

从现实角度考虑,政治纯洁是解决当前党内存在的突出问题的首要方法。一是当前党面对的长期执政考验、改革开放考验、市场经济考验、外部环境考验,其本质上都是对中国共产党的政治考验。其中,执政考验最根本的是考验党的政治领导本领、各级党组织与党员干部尤其是高级干部的政治能力问题;改革开放考验最根本的是考验党能否在全面深化改革开放过程中始终坚持政治原则、恪守政治底线、保持政治定力、把准政治方向;市场经济考验本质上是考验党能否在市场经济条件下防止商品经济原则对党内政治生活的侵蚀和提高政治免疫力;外部环境考验本质上是考验党员干部防范政治风险的能力,以及能否具备善于从政治上分析问题、解决问题以维护党和国家政治安全的能力。因此,要解决党内存在的"四大考验",必须首先从政治纯洁的角度取得突破。二是解决党内存在的"七个有之"等突出问题,必须做好政治纯洁工作。当前,我们党的党内政治生活状况总体是好的,但还存在一些不容忽视的问题。对此,习近平在党的十八届四中全会的讲话中强调:"一些人无视党的政治纪律和政治规矩,为了自己的所谓仕途,为了自己的所谓影响力,搞任人唯亲、排斥

---

① 中共中央党史和文献研究院:《十九大以来重要文献选编》上,中央文献出版社2019年版,第536页。

异己的有之,搞团团伙伙、拉帮结派的有之,搞匿名诬告、制造谣言的有之,搞收买人心、拉动选票的有之,搞封官许愿、弹冠相庆的有之,搞自行其是、阳奉阴违的有之,搞尾大不掉、妄议中央的也有之,如此等等。"①这些问题严重破坏党的团结和集中统一,严重影响党和人民事业发展。要从根本上解决这些问题,必须加强政治纯洁建设,保证全党服从中央,坚持党中央权威和集中统一领导,彻底消除个人主义、分散主义、自由主义、本位主义、宗派主义、圈子文化以及码头文化。

5. 探索全面从严治党为党的纯洁性建设的实践依托

2014 年 10 月 8 日,习近平在党的群众路线教育实践活动总结大会上首次提出"全面推进从严治党"的思想,并从八个方面对全面推进从严治党提出了要求,奠定了全面从严治党的战略基础。2014 年 12 月,习近平在江苏调研考察时第一次将全面从严治党提升为党治国理政的战略布局之一,强调"协调推进全面建成小康社会、全面深化改革、全面推进依法治国、全面从严治党,推动改革开放和社会主义现代化建设迈上新台阶"②。2015 年 3 月 5 日,习近平在参加第十二届全国人民代表大会第三次会议上海代表团审议时的讲话时又强调:"全面从严治党,是我们党在新形势下进行具有许多新的历史特点的伟大斗争的根本保证。"③全面从严治党思想作为党管党治党的重要战略方略,是新时代推进马克思主义政党纯洁性建设的实践依托。

(1)全面从严治党永远在路上

政党的纯洁性不是天然形成的,更没有一劳永逸的建设方案,而是需要从紧从严、持之以恒地推进党的建设。因此,全面从严治党只有进行时,没有完成

---

① 《习近平关于严明党的纪律和规矩论述摘编》,中央文献出版社、中国方正出版社 2016 年版,第 22 页。
② 《习近平谈治国理政》第二卷,外文出版社 2017 年版,第 22 页。
③ 《习近平关于协调推进:"四个全面"战略布局论述摘编》,中央文献出版社 2015 年版,第 149 页。

时,必须一以贯之、坚定不移。2017年,习近平在参加党的十九大贵州省代表团讨论时明确指出:"全面从严治党永远在路上。在全面从严治党这个问题上,我们不能有差不多了,该松口气、歇歇脚的想法,不能有打好一仗就一劳永逸的想法,不能有初见成效就见好就收的想法。"①这三个"不能有",体现了习近平推进全面从严治党的坚定决心,反映了我们党新时代的管党治党思路。

全面从严治党是应对党内风险挑战的必然选择。从整体上看,我们的全面从严治党工作已经取得了很大的成效,党内政治生活气象更新,党内政治生态明显好转,党的创造力、凝聚力、战斗力显著增强,党的团结统一更加巩固,党群关系明显改善,党在革命性锻造中更加坚强。但现实警示我们,全面从严治党依然任重道远,管党治党一刻也不能松懈,一定不能盲目乐观。当前,我们党面临的执政考验、改革开放考验、市场经济考验、外部环境考验具有长期性和复杂性,党面临的精神懈怠危险、能力不足危险、脱离群众危险、消极腐败危险具有长期性和严峻性。尤其是,党内仍然部分地存在管党治党宽松软的状况;思想不纯、组织不纯、作风不纯的突出问题尚未得到根本解决;滋生腐败的土壤犹在;"四风"问题反弹回潮的隐患未除;一些顽瘴痼疾积习难改,即使在高压态势下也有隐蔽变种,稍有放松就会卷土重来。党的十九大报告指出:"中华民族伟大复兴,绝不是轻轻松松、敲锣打鼓就能实现的。全党必须准备付出更为艰巨、更为艰苦的努力。"②这都决定了全面从严治党不容有丝毫松懈,必须一以贯之、坚定不移。我们已经走到了历史的关键期,必然面临更为复杂的局面和更为严峻的挑战。

全面从严治党是巩固发展反腐败斗争压倒性胜利的战略抓手。全面从严治党战略施行以来,我们党的反腐败斗争形势有了重大变化。从党的十八届中央纪委五次全会上提出的"腐败和反腐败呈胶着状态",到党的十八届中央纪委

---

① 《习近平关于"不忘初心、牢记使命"论述摘编》,党建读物出版社、中央文献出版社2019年版,第168页。

② 习近平:《决胜全面建成小康社会　夺取新时代中国特色社会主义伟大胜利——在中国共产党第十九次全国代表大会上的报告》,人民出版社2017年版,第15页。

六次全会上的"反腐败斗争压倒性态势正在形成",到党的十八届中央纪委六次全会上的"反腐败斗争压倒性态势已经形成",再到党的十九大上提出的"反腐败斗争压倒性态势已经形成并巩固发展",全面体现了我们党在反腐败斗争中的成功进展,反腐败压倒性态势已经形成。但是,反腐败斗争形势依然严峻复杂,这就意味着我们不能有"缓一口气,歇一歇脚"的懒惰想法,巩固压倒性态势、夺取压倒性胜利的决心必须坚如磐石。正如习近平所强调:"反腐倡廉必须常抓不懈,拒腐防变必须警钟长鸣,关键就在'常'、'长'二字,一个是要经常抓,一个是要长期抓。"①2021年1月,习近平在党的十九届中央纪委五次全会上深刻分析了当前反腐败斗争的形势,再次强调:"党的十八大以来,尽管党风廉政建设和反腐败斗争取得了历史性成就,但形势依然严峻复杂。必须清醒看到,腐败这个党执政的最大风险仍然存在,存量还未清底,增量仍有发生。政治问题和经济问题交织,威胁党和国家政治安全。传统腐败和新型腐败交织,贪腐行为更加隐蔽复杂。腐败问题和不正之风交织,'四风'成为腐败滋长的温床。腐蚀和反腐蚀斗争长期存在,稍有松懈就可能前功尽弃,反腐败没有选择,必须知难而进。"②

(2)坚持党要管党,全面从严治党

习近平在党的十八届中央纪委六次全会上指出,"全面从严治党,核心是加强党的领导,基础在全面,关键在严,要害在治"③。这深刻阐释了全面从严治党的基本要求,为推进全面从严治党提供了重要遵循,为管好党、治好党指明了方向。"加强党的领导""全面""从严"和"治"有机统一,不可分割,共同构成全面从严治党的基本内涵。

全面从严治党的核心是加强党的领导。习近平指出:"党要团结带领人民

① 《习近平谈治国理政》,外文出版社2014年版,第386页。
② 《习近平在十九届中央纪委五次全会上发表重要讲话强调　充分发挥全面从严治党引领保障作用　确保"十四五"时期目标任务落到实处》,《人民日报》2021年1月23日。
③ 《习近平新时代中国特色社会主义思想学习纲要(2023年版)》,学习出版社、人民出版社2023年版,第116页。

进行伟大斗争、推进伟大事业、实现伟大梦想,必须毫不动摇坚持和完善党的领导,毫不动摇把党建设得更加坚强有力。"①中国共产党是中国特色社会主义的领导核心,办好中国的事情,关键在党,关键在党要管党、从严治党;党的领导任何时候都不能削弱,只能加强。全面从严治党,就是要透过腐败问题、纪律作风问题的"表",抓住党的领导弱化,党的建设缺失,党的观念淡漠、组织涣散、纪律松弛,管党治党宽松软这个"里",全面解决削弱党的领导的各个因素,巩固党的长期执政地位,加强党的领导。

全面从严治党的基础在全面。习近平指出,所谓"全面"就是管全党、治全党,覆盖党的建设各个领域、各个方面、各个部门。显然,这里的"全面"有三个层面的含义。一是面向党员全体。从严治党包括所有党员、所有党组织,这些都是从严治党的对象,任何一个党组织和党员都不能脱离于从严治党之外。二是覆盖全领域。全面从严治党涉及党的政治建设、思想建设、作风建设、组织建设、纪律建设、制度建设、反腐败斗争等多个方面和领域,要求每一个领域的建设管理都必须从严,任何领域都不能有失之于宽、失之于软的情况。三是涵盖全过程。这就意味着,党员干部从加入党组织开始,无论是日常管理还是选拔任用,所有环节都要严字当头,真管真严、敢管敢严、长管长严。

全面从严治党的关键在严。所谓"严"就是严格,就是在管党治党过程中的真管真严、敢管敢严、长管长严。习近平强调,党内没有免罪的"丹书铁券",也没有"铁帽子王",全党要始终坚持严字当头,把新时代党的建设要求贯彻到管党治党全过程、落实到党的建设各方面。对此,在党的十八届六中全会第二次全体会议上,习近平从六个方面进一步指出如何"从严"推进管党治党工作:一是依托党的思想政治教育,抓思想从严;二是强调坚持和落实党的领导,抓管党从严;三是严明党的政治纪律和政治规矩,抓执纪从严;四是坚持新时代好干部标准,抓治吏从严;五是严厉整治作风顽疾,抓作风从严;六是着力扎好制度的

---

① 习近平:《决胜全面建成小康社会 夺取新时代中国特色社会主义伟大胜利——在中国共产党第十九次全国代表大会上的报告》,人民出版社 2017 年版,第 61 页。

笼子,抓反腐从严。

全面从严治党的要害在治。所谓"治"就是治理,就是落实。全面从严治党的要害,就是把党中央管党治党从严的政策落到实处、取得实效、取信于民。因此,从党中央到省市县党委,从中央部委、国家机关部门党组(党委)到基层党支部,都要担负起全面从严治党主体责任。党委书记要把抓好党建当作分内之事、必须担当的职责;各级纪委要担负起监督责任,敢于瞪眼黑脸,勇于执纪问责。

(3)把党的纯洁性建设贯穿新时代党的建设新的伟大工程

2017年,党的十九大提出了新时代党的建设总要求:坚持和加强党的全面领导,坚持党要管党、全面从严治党,以加强党的长期执政能力建设、先进性和纯洁性建设为主线,以党的政治建设为统领,以坚定理想信念宗旨为根基,以调动全党积极性、主动性、创造性为着力点,全面推进党的政治建设、思想建设、组织建设、作风建设、纪律建设,把制度建设贯穿其中,深入推进反腐败斗争,不断提高党的建设质量,把党建设成为始终走在时代前列、人民衷心拥护、勇于自我革命、经得起各种风浪考验、朝气蓬勃的马克思主义执政党。这一建设要求,针对近年来管党治党发现的突出问题,抓住了党的长期执政能力建设、先进性和纯洁性建设的主线,提出了全面推进党的政治建设、思想建设、组织建设、作风建设、纪律建设、制度建设和反腐败斗争六大方面,把党的纯洁性建设融入党的建设伟大工程全过程,既丰富了党的纯洁性建设的实践路径,又体现了习近平关于党的建设重要思想的实践创新和理论创新成果。

在政治建设上,习近平强调,"在指导思想和路线方针政策以及关系全局的重大原则问题上,全党必须在思想上政治上行动上同党中央保持高度一致","决不允许'上有政策、下有对策',决不允许有令不行,有禁不止"。① 保持党的纯洁性,要求各级党组织和广大党员、党的领导干部必须坚决执行党的纲领、章

① 中共中央文献研究室:《十八大以来重要文献选编》上,中央文献出版社2014年版,第132页。

程和路线方针政策,必须严格遵守党的政治纪律、政治规矩、政治路线,严格执行新形势下党内政治生活若干准则,坚决抵制和反对一切违背党的基本路线的错误政治倾向,确保党中央权威和集中统一领导,营造风清气正的党内政治文化。

在思想建设上,习近平反复强调,"理想信念坚定,骨头就硬,没有理想信念,或者是理想信念不坚定,精神上就会'缺钙',就会得'软骨病'","就有可能导致政治上变质、经济上贪婪、道德上堕落、生活上腐化"。[①] 因此,保持党的纯洁性,要求各级党组织和广大党员、党的领导干部必须坚持把马克思主义及其中国化的理论成果作为指导思想,以习近平新时代中国特色社会主义思想武装党员干部,坚持把为社会主义、共产主义奋斗作为理想信念,坚持马克思主义实事求是的思想路线,增强党员的政治意识、大局意识、核心意识、看齐意识,确保思想纯洁性这个"总阀门"。

在组织建设上,保持党的纯洁性,要求构建严密高效的组织体系,贯彻落实党的组织路线,坚持党内民主集中制的组织原则,遵守和维护党的组织纪律,严格掌握入党和选拔干部的标准和程序,把好党员"入口关",切忌"带病入党""带病提拔",坚决把背离党纲党章、危害党的事业、已经丧失共产党员资格的蜕化变质分子和腐败分子清除出党。

在作风建设上,习近平指出:"党的作风是党的形象,是观察党群干群关系、人心向背的晴雨表。党的作风正,人民的心气顺,党和人民就能同甘共苦。实践证明,只要真管真严、敢管敢严,党风建设就没有什么解决不了的问题。作风建设永远在路上。"[②]保持党的作风纯洁,各级党组织和广大党员、党的领导干部必须坚持发扬党的理论联系实际、密切联系群众、批评和自我批评以及谦虚谨慎、不骄不躁、艰苦奋斗等优良作风,坚持贯彻党的从群众中来到群众中去的工作路线和调查研究的工作方法,坚决反对主观主义、官僚主义、形式主义、以

---

① 《习近平总书记系列重要讲话读本(2016年版)》,学习出版社、人民出版社2016年版,第107页。

② 《习近平谈治国理政》第二卷,外文出版社2017年版,第44页。

权谋私、弄虚作假和个人专断、追求奢华等不正之风。

在纪律建设上，习近平多次强调要加强纪律建设，把守纪律讲规矩摆在更加重要的位置，并把它作为党的建设的主要内容之一写在党章之中。保持党的纯洁性，要求党员干部必须严格遵守党的政治纪律、组织纪律、廉政纪律、群众工作纪律、生活纪律，强化党员纪律意识，完善党的纪律体系，发挥领导干部带头遵守和执行纪律的表率作用，严格执行党的纪律，使纪律真正成为带电的高压线。

在制度建设上，保持党的纯洁性，必须推进党的建设制度改革，构建以党章为根本、若干配套党内法规为支撑的党内法规制度体系，把权力关入制度的笼子。党的十八大以来，我们党相继修订或制定了《党的领导干部选拔任用工作条例》《中国共产党廉洁自律准则》《中国共产党纪律处分条例》《中国共产党问责条例》《关于新形势下党内政治生活的若干准则》《中国共产党党内监督条例》等一系列重要党内法规制度，完善了党的建设制度体系，为保持党的先进性和纯洁性注入了强大动力。

6. 提出领导干部是党的纯洁性建设的关键力量

保持党的纯洁性，关键在党的干部。习近平强调："党的领导干部既是保持党的纯洁性的组织者和领导者，又是保持党的纯洁性的执行者和实践者。"①各级领导干部要严格要求自己，以身作则、率先垂范，做到自重、自省、自警、自励，讲党性、重品行、做表率，做到立身不忘做人之本、为政不移公仆之心、用权不谋一己之私，永葆共产党人的先进性。

（1）要牢牢抓住领导干部这个"关键少数"

对于我们党而言，党员领导干部在党的治国理政中、在党的建设伟大工程中扮演着重要的角色。领导干部不仅是纯洁性建设的组织者和领导者，而且是

---

① 中共中央文献研究室:《十七大以来重要文献选编》下，中央文献出版社 2013 年版，第 826 页。

保持党的纯洁性的执行者和实践者。管好党的领导干部,不仅是抓住了全面从严治党的"牛鼻子",也是抓住了保持党的纯洁性的关键力量。当前,党的纯洁性建设暴露出的一些问题,看似在基层,病根却在领导干部身上。有的领导喜欢搞形式主义、官僚主义,好出风头,下面的人就会弄虚作假、好大喜功、脱离群众;有的领导喜好享乐奢靡、骄奢淫逸,下面的人就会讲排场、比阔气、铺张浪费、投其所好。"风成于上,俗化于下;上有所好,下必甚焉""上面松一寸,下面松一尺",讲的就是这个道理。领导干部的纯洁品质直接关乎党的纯洁性建设的力度、信度和效度。习近平强调:"新形势下加强和规范党内政治生活,重点是各级领导机关和领导干部,关键是高级干部特别是中央委员会、中央政治局、中央政治局常委会的组成人员,高级干部特别是中央领导层组成人员必须以身作则,模范遵守党章党规,严守党的政治纪律和政治规矩,坚持不忘初心、继续前进,坚持率先垂范、以上率下,为全党全社会作出示范。"①因此,习近平在多个场合的多次讲话中强调要抓住"关键少数"。围绕如何保持领导干部的纯洁性,习近平先后提出"五个必须""五个过硬""过五关""六个做到"等具体要求;在开展党的群众路线教育实践活动、"三严三实"专题教育中,要求以上率下,看住"关键少数";在推进全面从严治党中,指出重点是"关键少数";在中央和各省开展的巡视工作中,也把党政一把手作为巡视监督的重点对象。通过抓紧关键力量,不仅夯实了党员领导干部的思想基础,筑牢了"为人民服务"的群众意识,提升了拒腐防变能力,保持了领导干部的纯洁性,而且有力地发挥了领导干部的示范带头作用,形成了全党上行下效的正向效应,树立了领导干部的形象,亮出了党员的风采,保证了党的纯洁性有最坚实的依靠。

对于领导干部个人而言,以身作则,带头保持党的纯洁性,不是一句空话、套话,而是需要在实践中落实。习近平指出:"成为好干部,就要不断改造主观世界、加强党性修养、加强品格陶冶。要时刻用党章、用共产党员标准要求自己,要有'与人不求备,检身若不及'的精神,时刻自重自省自警自励,努力做到

---

① 《习近平关于全面从严治党论述摘编》,中央文献出版社 2016 年版,第 46 页。

'心不动于微利之诱,目不眩于五色之惑',老老实实做人,踏踏实实干事,清清白白为官。"①"老老实实做人",既要求对党的信仰、党的理论和党的组织全方位的忠诚,又体现在对党、对人民、对同志老实实在,言行一致,不"要滑头"。这是领导干部首要的政治品格。做官先做人,做人不实,做事就不会实,立身之本必定荡然无存。只有老实做人、做老实人,才能对党和人民忠心耿耿、对工作尽职尽责、对群众满怀真情、对成绩谦虚谨慎。"踏踏实实干事",重在突出一个"实"字。对领导干部而言,就是要以实干精神奠定谋事之基、创业之根和做人之本。当前我国正处于全面深化改革的攻坚时期,面临着复杂繁多的矛盾,也遇到了很多新情况、新问题。作为党员领导干部,必须以事不避难的实干精神敢作敢当,敢于冲破旧观念的束缚、破除体制机制的弊端,敢于啃难啃的"硬骨头",把注意力放在发展上,把眼睛盯在民生上,把干劲用在工作上,办实事而不图虚名,创实绩而不做虚功,如此,才能干出一番经得起实践、人民和历史检验的新业绩。"清清白白为官",是评价党的领导干部是否具有良好政德的重要标志,是共产党人必须遵守的价值操守。这就要求党员立身不忘做人之本,加强党性修养,严格自律,筑牢廉洁自律的思想防线;为政不移公仆之心,牢记权力来源于党和人民,为党分忧、为国干事、为民谋利,做到心有所畏、言有所戒、行有所止;用权不谋一己之私,依法用权、秉公用权、廉洁用权,甘守清贫,抵住诱惑,把好权力关、金钱关、美色关,树立良好的党员领导干部形象。

(2)抓住"关键少数"才能管好"绝大多数"

2016 年 4 月,习近平对在全党开展"两学一做"学习教育作出重要指示,指出:部署'两学一做'学习教育,就是要推动党内教育从'关键少数'向广大党员拓展,从集中性教育向经常性教育延伸,坚定广大党员的马克思主义立场,保证全党始终在思想上政治上行动上同党中央保持高度一致,使我们党始终成为有理想、有信念的马克思主义政党。"关键少数"是全面从严治党的"牛鼻子",但抓住"关键少数"的最终目的是管好"绝大多数"。领导干部要以身作则、示范

---

① 《习近平谈治国理政》,外文出版社 2014 年版,第 417 页。

带头,在永葆党的纯洁性实践活动中发挥示范导向作用。

以"关键少数"带动"绝大多数",发挥领导干部的示范带头作用。"关键少数"是党执政兴国的骨干部分和中坚力量,也是我们从严治党必须抓牢抓紧的关键环节。在实践中不难发现,越是领导干部,尤其是高级领导干部,其示范效应就越大。高级领导干部由于所处的位置特殊,其思想和行动无一不对党内其他同志和群众起着形象塑造和榜样引领的作用。因此,党的纯洁性建设先要从各级领导干部,尤其是高级干部抓起。各级领导机关和领导干部,尤其是中央机关和中央国家机关、高级领导干部要强化带头意识,时时处处严要求、作表率。要求全党做到的,中央政治局首先要做到。各级党的领导干部要将政治建设放在首位,加强理想信念教育,牢固树立"为人民服务"的宗旨意识,始终突出问题导向,牢牢扭住作风建设这个"牛鼻子",把领导干部的形象树立起来,把党员的风采亮出来,一级做给一级看、一级带着一级干,形成上行下效的正向效应,为全面从严治党凝聚起强大的正能量。

以"关键少数"管住"绝大多数"。领导干部作为党组织的重要负责人,在党的纯洁性建设中具有直接领导和管理职责。在实际工作中,领导干部重视,工作就进展快,成效突出;领导干部不重视,则工作进程缓慢,得过且过,其成绩如何不值一提。对此,习近平深刻地指出:"凡事都是这样的,上行下效,上率下行,上有所好、下必甚焉,上有所恶、下必不为,上面松一寸、下面松一尺。"①因此,从客观上看,解决一些作风问题仅依靠基层干部、仅依靠基层自身的力量是很难奏效、很难彻底解决的。"正人必先正己,正己才能正人。"②这就需要各级领导干部正确认识和理解党中央的精神,对下属严格要求,为全面从严治党把好方向、掌好舵,确保管党治党结出成果、彰显实效。

---

① 《习近平关于党的群众路线教育实践活动论述摘编》,党建读物出版社、中央文献出版社 2014 年版,第 53—54 页。

② 中共中央文献研究室:《十八大以来重要文献选编》中,中央文献出版社 2016 年版,第 89 页。

(二) 新时代永葆党的纯洁性的鲜明特征

通过梳理习近平关于党的纯洁性建设重要论述,可以发现这些论述具有鲜明的方法论特征,具体表现为鲜明的自我革命特色、强烈的问题意识、坚定的人民立场和制度治党的建设思路。

1. 鲜明的自我革命特色

2021 年,党的十九届六中全会审议通过的《中共中央关于党的百年奋斗重大成就和历史经验的决议》指出:"先进的马克思主义政党不是天生的,而是在不断自我革命中淬炼而成的。党历经百年沧桑更加充满活力,其奥秘就在于始终坚持真理、修正错误。党的伟大不在于不犯错误,而在于从不讳疾忌医,积极开展批评和自我批评,敢于直面问题,勇于自我革命。"①回望建党百年历程,我们党始终坚持刀刃向内,坚决同一切弱化党的先进性、损害党的纯洁性的问题作斗争,祛病疗伤,激浊扬清,以始终过硬的自身,确保党始终成为时代先锋、民族脊梁、人民的主心骨。坚持党的自我革命,不仅是我们党的百年奋斗的重要历史经验,也是习近平关于党的纯洁性建设重要论述的鲜明特征。

(1) 革命理想高于天

党的十八大以来,习近平在多个场合反复强调,"坚定理想信念,坚守共产党人精神追求,始终是共产党人安身立命的根本"②,要求共产党人时刻不忘入党初心,牢记党的使命,用创新理论武装自己,为实现共产主义最高理想不懈奋斗。"为共产主义奋斗终身",是中国共产党从诞生之日起就明确写在旗帜上的奋斗目标,是每一个共产党人立下的铮铮誓言,也是激励一代又一代共产党人

---

① 《中共中央关于党的百年奋斗重大成就和历史经验的决议》,人民出版社 2021 年版,第 70 页。

② 中共中央文献研究室:《十八大以来重要文献选编》上,中央文献出版社 2014 年版,第 80 页。

不懈奋斗的长久事业。恩格斯说过:"一个知道自己的目的,也知道怎样达到这个目的的政党,一个真正想达到这个目的并且具有达到这个目的所必不可缺的顽强精神的政党,——这样的政党是不可战胜的。"①当精神的力量经过一定的条件转变为改造世界的物质力量后,其产生的能动作用将极大地影响和改变世界。正是对马克思主义的信仰,对社会主义和共产主义的信念,构筑了共产党人的政治灵魂,使共产党人得以经受住任何风险和考验。在革命战争年代,中国共产党靠着坚定的信念成就了以少胜多的革命奇迹,谱写了中国革命波澜壮阔的历史画卷,取得了新民主主义革命的胜利,建立了新中国。毛泽东指出:"中国人民将会看见,中国的命运一经操在人民自己的手里,中国就将如太阳升起在东方那样,以自己的辉煌的光焰普照大地,迅速地荡涤反动政府留下来的污泥浊水,治好战争的创伤,建设起一个崭新的强盛的名副其实的人民共和国。"②在社会主义革命和建设时期,中国共产党以崇高的革命理想激发起中国共产党和中国人民自力更生、艰苦奋斗的革命精神,初步建立起独立的比较完整的工业体系、国民经济体系和国防体系。在改革开放新时期,中国共产党人以敢闯敢试、敢为人先的劲头,勇于突破旧的体制观念的束缚,为建设中国特色社会主义"杀出一条血路",生动诠释了改革开放时期党"革命理想高于天"的时代担当。

当前,中国特色社会主义进入新时代,中华民族迎来了从"站起来""富起来"到"强起来"的伟大飞跃。在新的历史方位,我们党肩负着实现中华民族伟大复兴的历史使命,但也面临着新的风险、新的挑战、新的困难。这就要求我们,一是必须坚定革命理想,增强紧迫感和责任感,牢牢把握党的建设总要求,不断提高党的领导水平和执政水平、提高拒腐防变和抵御风险能力,在应对国内外各种风险和考验的历史进程中始终成为全国人民的主心骨,在坚持和发展中国特色社会主义的历史进程中始终成为坚强领导核心,矢志不渝为实现中国

---

① 《马克思恩格斯全集》第三十九卷,人民出版社 1974 年版,第 139 页。

② 中共中央文献研究室、中央档案馆:《建党以来重要文献选编(1921~1949)》第二十六册,中央文献出版社 2011 年版,第 466 页。

特色社会主义共同理想而奋斗;二是必须直面党内存在的突出问题,以刮骨疗毒、壮士断腕的自我革命精神消除党和国家内部存在的严重隐患,攻克和解决那些长期想解决而没有解决的顽瘴痼疾,推动新时代中国特色社会主义的发展;三是要以"功成不必在我"的精神境界和"功成必定有我"的历史担当,发扬钉钉子精神,求真务实,真抓实干,使得中华民族伟大复兴的蓝图在一代代共产党人的接力赛中绘制完成。

(2)打铁必须自身硬

2012年,习近平在党的十八届中共中央政治局常委同中外记者见面时指出:"打铁还需自身硬。我们的责任,就是同全党同志一道,坚持党要管党、从严治党,切实解决自身存在的突出问题,切实改进工作作风,密切联系群众,使我们的党始终成为中国特色社会主义事业的坚强领导核心。"[①]从党的十八大后提出"打铁还需自身硬",到党的十九大强调"打铁必须自身硬",再到"七一"重要讲话重申"牢记打铁必须自身硬的道理",习近平多次强调了党的自身建设的重要性。"打铁必须自身硬",只有始终勇于进行自我革命,坚决同一切影响党的先进性、弱化党的纯洁性的问题作斗争,坚持管党治党、从严治党,坚持在自我净化、自我完善、自我革新、自我提高上下功夫,我们党才能练好内功,永葆先进性和纯洁性。

对于我们党而言,怎样才算是"自身硬"?一是政治要过硬。党员干部要坚定理想信念,高举中国特色社会主义伟大旗帜,以习近平新时代中国特色社会主义思想为指导,树立"四个意识",坚持"四个自信",坚决做到"两个维护",不断提高政治素养,做一个政治上靠得住的人。二是思想要过硬。对党来说,思想信念动摇是最危险的动摇,思想信念滑坡是最危险的滑坡。崇高信仰、坚定信念不会自发产生。习近平指出:"要炼就'金刚不坏之身',必须用科学理论武

---

① 中共中央文献研究室:《十八大以来重要文献选编》上,中央文献出版社2014年版,第70页。

装头脑,不断培植我们的精神家园。"①为此,党员干部要通过坚持不懈的学习,学会运用马克思主义立场、观点、方法观察和解决问题,不断筑牢理想信念,做到虔诚而执着、至信而深厚。三是作风纪律要过硬。党风问题关系党的生死存亡。作风建设要"抓小、抓早",要"抓常、抓细、抓长"。我们当以踏石留印、抓铁有痕的劲头,聚焦"五抓",及时发现苗头性、倾向性问题,着眼细、小、实,锲而不舍、驰而不息地抓下去,用严明的纪律"高压线"、制度"压舱石"打造良好的党风党纪。

如何做到"自身硬"?关键是勇于直面自身存在的问题,以自我革命精神锻造和锤炼自己。2013 年,习近平在谈到我国面临的一些新老问题时指出:"不论是新问题还是老问题,不论是长期存在的老问题还是改变了表现形式的老问题,要认识好、解决好,唯一的途径就是增强我们自己的本领。"②党的十八大以来,我们以刀刃向内的勇气向党内顽瘴痼疾开刀,以雷霆万钧之势推进全面从严治党,以钉钉子精神把管党治党要求落实落细,坚决推进自我革命,同一切影响党的先进性、弱化党的纯洁性的问题作坚决斗争。一是增强党的自我净化能力,在中国特色社会主义建设的实践中纯洁党的队伍,保证党的肌体健康,破解长期执政的"历史周期率";二是增强党的自我完善能力,堵塞制度漏洞,用一套行之有效的权力监督制度和执纪执法体系,破除长期执政条件下的消极腐败问题;三是增强党的自我革新能力,坚决破除一切不合时宜的思想观念和体制机制弊端,勇于推进理论创新、实践创新、制度创新、文化创新以及各方面创新,应对长期执政的风险与挑战;四是增强党的自我提高能力,自觉向书本学习、向实践学习、向人民群众学习,加强党性锻炼和政治历练,提升长期执政能力和执政本领。

---

① 《习近平关于党的群众路线教育实践活动论述摘编》,党建读物出版社、中央文献出版社 2014 年版,第 37 页。

② 《习近平谈治国理政》,外文出版社 2014 年版,第 402 页。

(3)发扬斗争精神

伟大的时代呼唤伟大的精神,伟大的精神滋养伟大的党。毛泽东早在1962年就展望过中国发展的未来,他说:"从现在起,五十年内外到一百年内外,是世界上社会制度彻底变化的伟大时代,是一个翻天覆地的时代,是过去任何一个历史时代都不能比拟的。处在这样一个时代,我们必须准备进行同过去时代的斗争形式有着许多不同特点的伟大的斗争。"①经过百年的奋斗洗礼,斗争精神早已深深融入中国共产党的血液和灵魂,成为领导中国革命、建设和改革的必备武器。今天的中国已经走到了这样一个伟大的时代,国家发展处在近代以来最好的时期,民族复兴站在新的历史起点。在奋力实现民族复兴伟大梦想的过程中,我们必将面临许多前所未有的困难和挑战,这就要求全党必须继续推进伟大的社会革命和党的自我革命,必须进行具有许多新的历史特点的伟大斗争,必须敢于涉险滩、闯激流,敢于啃骨头、打硬仗,以伟大的斗争精神彰显中国共产党革命精神的时代华彩。

发扬斗争精神需要坚定斗争意志。习近平在《之江新语》中引用毛泽东的一段话来解释"斗争":"什么叫工作,工作就是斗争。那些地方有困难、有问题,需要我们去解决。我们是为着解决困难去工作、去斗争的。越是困难的地方越是要去,这才是好同志。"②但是,在党内仍有个别同志避谈斗争、羞于斗争,巴不得当个"太平绅士",以至于提起斗争就好像是思想僵化、落后保守,就是要回到人斗人的时代。我们必须清楚,中国的哲学是保持斗争精神的哲学,没有持之以恒的斗争,就不会有今天的胜利。在"船到中流浪更急、人到半山路更陡"的民族伟大复兴关键期,必须坚决摒弃当太平官、打"太极拳"、过太平日子的思想,坚定斗争意志,发扬斗争精神。正如习近平在中央党校(国家行政学院)中青年干部培训班开班式上所强调的:"凡是危害中国共产党领导和我国社会主义制度的各种风险挑战,凡是危害我国主权、安全、发展利益的各种风险挑战,

---

① 《毛泽东文集》第八卷,人民出版社1999年版,第302页。

② 习近平:《之江新语》,浙江人民出版社2007年版,第214页。

凡是危害我国核心利益和重大原则的各种风险挑战,凡是危害我国人民根本利益的各种风险挑战,凡是危害我国实现'两个一百年'奋斗目标、实现中华民族伟大复兴的各种风险挑战,只要来了,我们就必须进行坚决斗争,而且必须取得斗争胜利。"①

发扬斗争精神需要增强斗争本领。斗争本领不是与生俱来的,需要我们经过严格的思想淬炼、政治历练、实践锻炼,才能逐步掌握并内化为自发的行动。具体来看,一是要增强党员辨别是非的能力。新时代,我们面临的斗争是复杂的、多样的、隐蔽的。如果没有扎实的马克思主义理论功底,不能正确运用辩证唯物主义和历史唯物主义,就很有可能在复杂的斗争形势前辨不明是非、分不清敌情、找不到方向。因此,增强斗争本领先要从理论学习入手,提高在未来斗争中的主动性、预见性。二是要使用好党的斗争武器。在百年的革命实践中,我们党既组织过血与火的武装斗争,也进行过不见硝烟的思想论战,还开展过长期的批评与自我批评,这都是我们进行斗争的重要武器。面对国际国内形式的复杂变化,增强斗争本领就必须根据斗争形势的需要、结合斗争对象的特点,合理使用好党的斗争武器。

2. 强烈的问题意识

习近平在党的十八届三中全会上指出:"我们中国共产党人干革命、搞建设、抓改革,从来都是为了解决中国的现实问题。"②在党的纯洁性建设过程中,以习近平同志为主要代表的中国共产党人以问题为导向,注意从发现问题、认识问题、分析问题、解决问题的思路出发,不断推进新时代党的建设新的伟大工程,体现了强烈的问题意识,展现了马克思主义者的坚定信仰和责任担当。

(1)坚持问题导向与目标导向相统一

目标是前进的方向,问题是工作的突破口。党的十八大以来,以习近平同

---

① 《习近平谈治国理政》第三卷,外文出版社 2020 年版,第 226 页。
② 《习近平谈治国理政》第一卷,外文出版社 2018 年版,第 74 页。

志为核心的党中央在管党治党的实践中,以党的纯洁性建设为主线内容之一,坚持目标导向和问题导向相结合,深刻回答了新时代"建设一个什么样的党、怎样建设党"这一重大历史性课题,深化了对"建设什么样的长期执政的马克思主义政党、怎样建设长期执政的马克思主义政党"的规律性认识,党的纯洁性建设效果不断加强。

坚持党的纯洁性建设目标要求不动摇。目标是前进的方向,坚持目标导向,就是从顶层设计上对党的建设进行谋篇布局,系统谋划,使党的建设工作始终沿着正确方向前进。习近平多次指出,"全面从严治党永远在路上,不能有任何喘口气、歇歇脚的念头"①。在新时代党的建设总要求的目标驱动下,我们党系统谋划,从顶层设计出发,形成了"5+1+1"的新时代党的建设总体布局,把党的政治建设、思想建设、组织建设、作风建设、纪律建设、制度建设和反腐败斗争统统纳入党的建设目标中,以自我净化、自我完善、自我革新、自我提高为方式方法强调党的自我革命、自我锻造,自上而下、自内而外推进党的纯洁性建设目标的实现。

勇于直面党的纯洁性建设中存在的突出问题。在坚持新时代党的建设总要求的目标导向下,我们党坚持问题导向,始终带着问题去学习、带着问题去思考、奔着解决问题去做事,将研究问题、分析问题、解决问题贯穿党的纯洁性建设工作的全过程,不仅深刻分析了党面临的长期执政考验、改革开放考验、市场经济考验、外部环境考验,直面了党面临的精神懈怠危险、能力不足危险、脱离群众危险、消极腐败危险,而且找准了党内存在的思想不纯、政治不纯、组织不纯、作风不纯等突出问题,以刀刃向内的勇气向党内顽瘴痼疾开刀,以雷霆万钧之势推进全面从严治党,以钉钉子精神把管党治党要求落实落细,同一切影响党的先进性、弱化党的纯洁性的问题作坚决斗争。截至 2020 年 12 月 31 日,2020 年全国共查处违反中央八项规定及其实施细则精神问题 136203 起,处理

---

① 中共中央党史和文献研究院:《十九大以来重要文献选编》上,中央文献出版社 2019 年版,第 87 页。

人数 197761 人,党纪政务处分 119224 人。其中,2020 年 12 月,全国查处违反中央八项规定及其实施细则精神 18505 起,处理人数 26922 人,党纪政务处分 18901 人。① 这一串串数字背后是我们党猛药去疴、重典治乱,坚决把党风廉政建设和反腐败斗争进行到底的决心,是我们党刮骨疗毒、壮士断腕治党管党的大党风范。正如 2012 年习近平刚刚当选新一届中共中央总书记时郑重宣告的那样,我们党将"继续清除一切侵蚀党的健康肌体的病毒,大力营造风清气正的政治生态,以全党的强大正能量在全社会凝聚起推动中国发展进步的磅礴力量"②。

(2)坚持问题导向与理论创新相统一

习近平在 2016 年哲学社会科学工作座谈会上的讲话中指出:"坚持问题导向是马克思主义的鲜明特点。问题是创新的起点,也是创新的动力源。只有聆听时代的声音,回应时代的呼唤,认真研究解决重大而紧迫的问题,才能真正把握住历史脉络、找到发展规律,推动理论创新。"③问题体现了我们党在自身建设中存在的漏洞、短板,代表着人民的呼声,揭示了发展的创新需求,如果不全力解决、不认真回应,党的建设就成为空对空的儿戏。坚持问题导向与理论创新相统一,就要求我们清醒认识党的建设中存在的突出问题,深刻认识党面临着"四大考验"和"四种危险"的尖锐性和严峻性,坚持人民群众反对什么、痛恨什么我们就要坚决防范和纠正什么,加快理论总结和理论创新的速度,提出更加合乎时代特点的解决方案,以永远在路上的执着将全面从严治党不断引向深入。

党的十八大以来,习近平着眼于永葆党的先进性和纯洁性,针对党内存在的突出问题进行了一系列理论创新,实现了问题导向和理论创新的有机统一。

---

① 武汉大学党内法规研究中心:《中国共产党党内法规制度建设年度报告(2020)》,人民出版社 2022 年版,第 130 页。

② 中共中央党史和文献研究院:《十九大以来重要文献选编》上,中央文献出版社 2019 年版,第 87 页。

③ 习近平:《在哲学社会科学工作座谈会上的讲话》,《人民日报》2016 年 5 月 19 日。

如,针对党的纯洁性建设松软无力的问题,习近平提出纯洁性是马克思主义政党的本质属性,把纯洁性建设作为党的建设主线内容来抓,要求全党同志同一切弱化先进性、损害纯洁性的问题作斗争;针对党内存在的思想不纯、政治不纯、组织不纯、作风不纯等突出问题,提出党要始终保持思想上、政治上、组织上、作风上的纯洁";针对党内有的人无视党的政治纪律和政治规矩,为了自己的所谓仕途,为了自己的所谓影响力,任人唯亲、排斥异己,团团伙伙、拉帮结派,匿名诬告、制造谣言,收买人心、拉动选票,封官许愿、弹冠相庆,自行其是、阳奉阴违,尾大不掉、妄议中央等现象,提出"全面从严治党首先要从政治上看""政治问题要从政治上来解决"①,把党的政治纯洁放在首要位置;针对党内一部分人理想信念退化、思想精神懈怠的问题,提出"思想纯洁是马克思主义政党保持纯洁性的根本"②,强调把坚定理想信念作为党的思想建设首要任务;针对不断出现的腐败问题、纪律作风问题,要求抓住党的领导弱化,党的建设缺失,党的观念淡漠、组织涣散、纪律松弛,管党治党宽松软的问题本质,全面解决削弱党的领导的各个因素,巩固党的长期执政地位,加强党的领导……中国特色社会主义进入新时代后,习近平多次强调我们要以史为鉴,以问题作为开启创新、积蓄创新活力的切入点,为实现中华民族伟大复兴提供重要的动力支持。

(3)坚持问题导向与改革实干相统一

改革由问题倒逼产生,问题唯有实干才能得以最终解决。尤其是在今天,随着全面从严治党的深入推进,党内存在的深层次问题将不可避免被触及,党的建设遇到的阻力也会越来越大,面对的暗礁、潜流、漩涡越来越多,就更需要敢于啃硬骨头、敢于涉险滩的勇气与担当,需要求真务实的改革促进派、实干家。对此,习近平指出:"提高党的建设质量,既要坚持和发扬我们党加强自身建设形成的优良传统和成功经验,又要根据党的建设面临的新情况新问题大力

---

① 中共中央党史和文献研究院:《十九大以来重要文献选编》上,中央文献出版社 2019 年版,第 536 页。

② 《习近平谈治国理政》第一卷,外文出版社 2018 年版,第 391 页。

推进改革创新,用新的思路、举措、办法解决新的矛盾和问题。"①我们党只有坚持在分析问题中推进改革创新,在解决问题中弘扬实干精神,既当改革促进派,又当改革实干家,才能将党的纯洁性建设不断推向新高潮。

面对问题,要坚持真抓实干。当前,有的地方和部门党建工作还存在重形式轻内容、重过程轻结果、重数量轻质量的问题。比如,有的党员干部知行不一、不求实效,文山会海、花拳绣腿,贪图虚名、弄虚作假;有的不认真学习党的理论和做好工作所需的知识,即使学了也是为应付场面,蜻蜓点水,浅尝辄止,不求甚解,无心也无力在实践中认真运用;有的习惯于以会议落实会议、以文件落实文件,热衷于造声势、出风头,把安排领导出场讲话、组织发新闻、上电视作为头等大事,最后工作却不了了之;有的抓工作不讲实效,不下功夫解决存在的矛盾和问题,难以给领导留下印象的事不做,形不成多大影响的事不做,工作汇报或年终总结看上去不漂亮的事不做,仪式一场接着一场,总结一份接着一份,评奖一个接着一个,最后都是"客里空";有的下基层调研时走马观花,去调研就是为了出出镜、露露脸,坐在车上转,隔着玻璃看,只看"门面"和"窗口",不看"后院"和"角落";有的明知报上来的是假情况、假数字、假典型,也听之任之,甚至通过挖空心思造假来粉饰太平……这些问题使我们的党建工作看起来热热闹闹,实际效果却不佳,甚至与中心工作形成了"两张皮",没有什么效果。"空谈误国,实干兴邦。"②2013 年 2 月 28 日,习近平在党的十八届二中全会第二次全体会议上指出:"我们要有钉钉子的精神,钉钉子往往不是一锤子就能钉好的,而是要一锤一锤接着敲,直到把钉子钉实钉牢,钉牢一颗再钉下一颗,不断钉下去,必然大有成效。如果东一榔头西一棒子,结果很可能是一颗钉子都钉不上、钉不牢。"③全党要坚持为人民谋利益和"功成不必在我"的政绩观,结合新时代党的建设总体要求,创新思路,以踏石留印、抓铁有痕的劲头,切

---

① 习近平:《在全国组织工作会议上的讲话》,人民出版社 2018 年版,第 16 页。
② 《习近平谈治国理论》,外文出版社 2014 年版,第 57 页。
③ 《习近平谈治国理政》第一卷,外文出版社 2018 年版,第 400 页。

实转变党内的政治不纯、思想不纯、组织不纯、作风不纯问题,让党的纯洁性建设干出成效。

3.坚定的人民立场

人民是历史的创造者,是决定党和国家前途命运的根本力量。2018年3月20日,习近平在第十三届全国人民代表大会第一次会议上的讲话中强调:"我们必须始终坚持人民立场,坚持人民主体地位,虚心向人民学习,倾听人民呼声,汲取人民智慧,把人民拥护不拥护、赞成不赞成、高兴不高兴、答应不答应作为衡量一切工作得失的根本标准,着力解决好人民最关心最直接最现实的利益问题,让全体中国人民和中华儿女在实现中华民族伟大复兴的历史进程中共享幸福和荣光。"①坚定的人民立场、保持党同人民群众血肉联系的治党要求,是习近平关于党的纯洁性建设重要论述中的又一鲜明特征。

(1)人民立场是党的根本政治立场

阶级社会诞生之后,政党精神就不可避免地表现为其阶级性。政党精神是政党在政治生活中倡导的价值规范和行动准则,代表了政党所服务的某一阶级的现实利益。马克思恩格斯在《共产党宣言》中说:"无产阶级的运动是绝大多数人的,为绝大多数人谋利益的独立的运动。"②这就把马克思主义政党所代表的无产阶级立场与"绝大多数人的、为绝大多数人谋利益的"人民立场统一了起来。中国共产党成立以来,把人民利益放在首位就成为贯穿党的精神建设的一条主线。从毛泽东在1942年延安文艺座谈会上完整提出"为人民服务"的命题,到邓小平把人民群众拥不拥护、赞不赞成、高兴不高兴、答应不答应作为衡量改革和一切事业的根本标准,从江泽民提出中国共产党必须始终代表最广大人民的根本利益,到胡锦涛把最广大人民的根本利益作为贯穿落实科学发展观的根本出发点和落脚点,再到习近平把以人民为中心作为坚持和发展中国特色

---

① 习近平:《在第十三届全国人民代表大会第一次会议上的讲话》,《人民日报》2018年3月21日。

② 《马克思恩格斯选集》第一卷,人民出版社2012年版,第411页。

社会主义的基本方略,党在新民主主义革命、社会主义革命、社会主义建设和改革的生动实践中传承着心系人民、服务人民的精神内核,并由此形成了一切为了人民、一切依靠人民,全心全意为人民服务的人民情怀和阶级立场。习近平强调,"人民立场是中国共产党的根本政治立场,是马克思主义政党区别于其他政党的显著标志"①。新时代推进党的建设新的伟大工程,永葆党的先进性和纯洁性就必须坚持以人民为中心的阶级立场,把为人民服务作为政党和党员的最大追求,把人民对美好生活的向往作为奋斗目标,把实现最广大人民的根本利益作为工作的最终目标。

从本质上来说,人民立场之所以是党的根本政治立场,是因为除了代表工人阶级和最广大人民群众的利益之外,党没有自己特殊的利益,党的利益和人民群众的利益是完全一致的。在庆祝中国共产党成立 100 周年大会上的讲话中,习近平指出:"中国共产党始终代表最广大人民根本利益,与人民休戚与共、生死相依,没有任何自己特殊的利益,从来不代表任何利益集团、任何权势团体、任何特权阶层的利益。"②除了工人阶级和最广大人民群众的利益,没有自己特殊的利益,是党章对全体党员的共同要求,这才保证了我们党能够全心全意为人民服务,保证了党能够在激流险滩中始终保持自身的纯洁。正如习近平多次指出的那样,任何党派和个人,一旦有了自己的私利,那就什么事情都能干出来。马克思主义政党一旦有了自己的特殊私利,就不可能与人民群众真正心连心、同呼吸、共命运,就会形成封建依附那一套,就会产生各种各样的小山头、小圈子、小团伙,就有可能在党内出现形形色色的政治利益集团,甚至出现党内同党外相互勾结、权钱交易的政治利益集团。因此,坚定的人民立场是我们党根本的政治立场,是我们坚定不移推进反"四风"、反腐败,塑造良好政治生态,加强党的纯洁性建设的重要依托。

---

① 习近平:《在庆祝中国共产党成立 95 周年大会上的讲话》,人民出版社 2016 年版,第 18 页。

② 习近平:《在庆祝中国共产党成立 100 周年大会上的讲话》,人民出版社 2021 年版,第 11—12 页。

（2）永远保持党同人民群众的血肉联系

民可近，不可下；民惟邦本，本固邦宁。从初创时只有五十多名党员的马克思主义政党，到今天拥有九千多万名党员的世界第一大执政党，中国共产党带领人民在短短几十年里将一个四分五裂、战乱频仍、满目疮痍的国家变成了一个独立、自由、民主、统一和富强的国家，取得了旧中国几百年、几千年所没有取得过的进步。中国共产党为什么"能"？根本原因就在于，中国共产党坚持人民立场，始终与人民心心相印、与人民同甘共苦、与人民团结奋斗，这是中国共产党发展壮大、始终被人民拥护的秘诀，也是我们党战胜一切艰难险阻、取得革命建设和改革事业不断胜利的根本保证。习近平多次告诫全党、警醒全党："一个政党，一个政权，其前途和命运最终取决于人心向背。如果我们脱离群众、失去人民拥护和支持，最终也会走向失败。"①2014年3月18日，习近平在河南省兰考县委常委扩大会议上指出，"经济发展了，人民生活水平提高了，不等于党同人民的联系就更加密切了、必然密切了"；"现在，脱离群众的现象在某些方面比十年前、二十年前、三十年前更突出了"；"如果群众观点丢掉了，群众立场站歪了，群众路线走偏了，群众眼里就没有你"。②

时代是出卷人，人民是阅卷人。党的十八大以来，习近平始终坚持以人民为中心推进党的建设伟大工程，显示出坚定的人民立场。他说，"党与人民风雨同舟、生死与共，始终保持血肉联系，是党战胜一切困难和风险的根本保证"③，"如果管党不力、治党不严，人民群众反映强烈的党内突出问题得不到解决，那我们党迟早会失去执政资格"④。从执政之初坚定不移地反"四风"到坚持党要管党、全面从严治党，从刮骨疗毒、壮士断腕的自我革命到反腐败斗争取得压倒

---

① 《习近平谈治国理政》第一卷，外文出版社2018年版，第15—16页。

② 《习近平关于"不忘初心、牢记使命"论述摘编》，党建读物出版社、中央文献出版社2019年版，第132页。

③ 中共中央党史和文献研究院：《十八大以来重要文献选编》下，中央文献出版社2018年版，第352页。

④ 中共中央党史和文献研究院：《十八大以来重要文献选编》下，中央文献出版社2018年版，第355页。

性胜利并全面巩固,中国共产党始终坚持人民立场,从党的性质和根本宗旨出发,以人民群众痛恨的党内乱象为突破口,坚定不移正风肃纪反腐惩恶、切实维护人民群众利益,团结带领人民攻克了一个又一个看似不可攻克的难关,经受住了长期执政考验、改革开放考验、市场经济考验和外部环境考验,顺应了人民求幸福、民族求复兴的潮流,拥有了面向未来、面对挑战、永立潮头的不竭动力。

坚持人民立场必须尊重人民主体地位。习近平强调:"坚持人民主体地位,充分调动人民积极性,始终是我们党立于不败之地的强大根基。"[1]具体来说,一是要结合新形势下群众工作新特点新要求,发挥人民首创精神,虚心向群众学习,诚心接受群众监督,坚持问政于民、问需于民、问计于民。要从人民伟大实践中汲取智慧和力量,多到条件艰苦、情况复杂、矛盾突出的地方去,办好顺民意、解民忧、惠民生的实事,着力解决好人民群众最关心最直接最现实的利益问题。二是要做到从群众中来,到群众中去,在实际工作中不能满足于听听、看看、转转,浮光掠影、走马观花,必须深入实际、深入基层、深入群众,把事情的真相和全貌调查清楚,把问题的本质和规律把握正确,把解决问题的思路和对策研究透彻,集中群众的智慧和力量去发展我们的各项事业。三是要从内心深处尊重人民,要有"俯首甘为孺子牛"的精神为人民服务。任何一名党员,决不能在群众面前自以为是、盛气凌人,决不能当官做老爷、漠视群众疾苦,更不能欺压群众、损害和侵占群众利益。

4. 制度治党的建设思路

制度建设是习近平关于党的建设重要思想的重要内容。习近平提出,把制度建设贯穿党的自身建设始终,坚持思想建党与制度建党相统一,建设形成完善的党内法规制度体系,把权力关进制度的笼子等,这一系列思想使得制度治党成为习近平关于党的纯洁性建设重要论述中的一大特色。

---

① 《习近平谈治国理政》,外文出版社 2014 年版,第 27 页。

(1)把制度建设贯穿党的自身建设始终

党的十九大明确指出,新时代党的建设总要求是"全面推进党的政治建设、思想建设、组织建设、作风建设、纪律建设,把制度建设贯穿其中,深入推进反腐败斗争"①,正式提出将制度建设贯穿党的各项建设之中。从党的十七大报告中首次将制度建设作为党的"五大建设"内容之一,到党的十八大将"五大建设"写入党章并强调把制度建设摆在突出位置,再到党的十九大把制度建设单列出来,并要求把制度建设贯穿党的各项建设之中,体现了以习近平同志为核心的党中央对管党治党规律的深刻把握,为进一步提高管党治党科学化水平指明了方向,是习近平对马克思主义政党建设理论的创新与发展。

把制度建设贯穿党的自身建设始终,是新时代推进党的纯洁性建设的重要保障。制度本身具有根本性、全局性、稳定性、长期性,尤其是对正在蓬勃成长的长期执政的马克思主义政党而言,要永葆党的先进性和纯洁性,离不开制度建设的保障作用。2014年9月,中央通过的《深化党的建设制度改革实施方案》指出,"深化党的建设制度改革,就是提炼、升华有效管用的新成果,解决出现的新问题,以制度改革带动党的建设工作全局","党的建设制度改革并非单指某一方面的制度建设,而是指以制度改革推动党的建设整体往前走"。党的建设是中国特色社会主义进入新时代的一项长期性伟大工程,不可能一蹴而就,党的各项建设的经验成果最终都要靠制度来巩固和深化。如果不把好的经验做法固定下来,不立下长期遵循的规矩,就很可能出现"抓一抓就紧、放一放就松",甚至半途而废的情形。在推进党的各项建设过程中,既要坚持实践探索在前、总结提炼在后,及时把好的经验做法上升为制度规定,把管党治党规律体现在其中,更要狠抓制度执行,防止制度成为"稻草人"。只有把尊崇党章、依规治党落实在党的建设各个方面,才能不断提高党的建设质量,把党建设得更加坚强有力。为此,党的十九大对党章作出修改,将五年来管党治党重大理论和

---

①　习近平:《决胜全面建成小康社会　夺取新时代中国特色社会主义伟大胜利——在中国共产党第十九次全国代表大会上的报告》,人民出版社2017年版,第62页。

实践创新成果以党内法规最高形态加以固化,使我们党在新时代加强制度建设有了根本依据,为新形势下推进党的各项建设提供了根本遵循。可见,党的其他各项建设的推进有赖于制度持久发挥作用,只有党内法规各项制度系统配套、制度的笼子扎密扎牢,党的建设新的伟大工程才能越建越好。

(2)坚持思想建党与制度建党紧密结合

"思想理论是灵魂,制度建设是保障。"①党的十八大以来,以习近平同志为核心的党中央在协调推进"四个全面"战略布局过程中,根据党的建设需要解决的新问题,提出:"坚持思想建党和制度治党紧密结合。"习近平指出:"从严治党靠教育,也靠制度,二者一柔一刚,要同向发力、同时发力。……要使加强制度治党的过程成为加强思想建党的过程,也要使加强思想建党的过程成为加强制度治党的过程。"②思想建党和制度治党犹如鸟之两翼、车之双轨,它们相互联系、相互支撑、相互促进,不可或缺、不可偏废,共同构成从严治党的有力举措。

把思想建党摆在首位,是制度治党的前提和基础。思想建党是马克思主义政党建设之源,是中国共产党把马克思列宁主义建党学说与中国革命、建设、改革的伟大实践相结合的结晶,它有利于我们党加强党性修养,增强宗旨意识,始终保持与人民群众的血肉联系,使党的执政基础更加牢固;有利于树立党员干部正确的世界观、人生观和价值观,教育党员干部明底线、知荣辱,划清是非界限,清除腐败,永葆先进性和纯洁性。思想建设是党的各项建设的基础。轻视思想政治工作,必然导致广大党员干部理想信念不坚定,缺乏道路自信、理论自信、制度自信和文化自信,就不能制定出完善的制度,不能很好地学习、宣传和深刻把握制度,甚至对制度存在偏见和不理解,从而导致制度落实不力,不能发挥其应有的效力,造成制度松弛。因此,加强思想建党才能保证制度治党的正确方向,为制度治党制定科学合理、规范严密的制度体系奠定前提和基础,为制

---

① 习近平:《在全国组织工作会议上的讲话》,人民出版社 2018 年版,第 4 页。

② 习近平:《在党的群众路线教育实践活动总结大会上的讲话》,《人民日报》2014 年 10 月 9 日。

度治党起到引领作用。

制度治党是思想建党的有力保障。思想建党的成果最终需要通过制度来系统化和规范化,制度治党的实践决定了思想建党的成效。一旦制度治党松软无力,广大党员干部思想上就会出现松懈,理想信念就会出现动摇,行为就可能越界、出格,思想建党也就不可能深入持久进行下去。因此,思想建党必须依靠制度治党的"硬约束"。坚持制度治党,必须依据党章党规管党治党,使管党治党有章可循、有制可依;必须坚持科学立制,主动适应从严治党、制度治党、依规治党的现实需要;必须坚持制度面前人人平等、执行制度没有例外,依靠制度规范权力运行,坚决维护制度的严肃性和权威性。实践证明,只有把思想建党与制度治党结合起来作为一个党建过程来落实,才能把从严治党落到实处,才能永葆党的纯洁性。

(3)形成比较完善的党内法规制度体系

党的十八大以来,以习近平同志为核心的党中央,立足实际、深刻把握党的自身建设规律,着力完善党内法规制定的体制建设,推动党内法规工作全链条协同推进,党内法规质量明显提升。习近平指出:"制度不在多,而在于精,在于务实管用,突出针对性和指导性。"①并强调:"要完善党内法规制定体制机制,注重党内法规同国家法律的衔接和协调,构建以党章为根本、若干配套党内法规为支撑的党内法规制度体系,提高党内法规执行力。"②通过党内法规制度体系的建立和完善,切实把中央要求、群众期盼、实际需要、新鲜经验结合起来,把管党治党的创新成果转化为法规制度。2021年习近平在庆祝中国共产党成立100周年大会上宣布,我们党已经"形成比较完善的党内法规体系"。这是党的建设史特别是党内法规制度建设史上的一个重要里程碑,标志着党内法规制度建设由此迈入高质量发展新阶段。尤其是党的十八大以来,党内法规制度体系进入加速形成阶段。具体表现在以下几个方面。

---

① 习近平:《在党的群众路线教育实践活动总结大会上的讲话》,人民出版社2014年版,第18页。

② 《习近平关于全国依法治国论述摘编》,中央文献出版社2015年版,第114页。

一是加大体系构建顶层设计力度。如 2013 年 5 月发布的《中国共产党党内法规制定条例》《中国共产党党内法规和规范性文件备案规定》,对党内法规的依据、范围、程序等都进行了非常详细的规范规定,从技术和制度层面确保党内法规制定有了更加明确的依据,在源头上确立了保证党内法规科学有效的制度设计安排。2013 年 11 月,中央颁布了党内法规编制工作的第一个五年规划——《中央党内法规制定工作五年规划纲要(2013—2017 年)》,目标在于以"内容科学、程序严密、配套完备、运行有效"为标准,用五年的时间"基本形成涵盖党的建设和党的工作主要领域、适应管党治党需要的党内法规制度体系框架",并实现党内法规与国家法律法规的衔接性、协同性和整体性的问题。

二是大力补齐制度的缺项短板。如在人民群众反映比较大的党的作风问题方面,制定了关于改进工作作风、密切联系群众的中央八项规定,修订出台了《中国共产党廉洁自律准则》《中国共产党纪律处分条例》,明确提出了全面从严治党的政治信号;面对管党治党宽松软的问题,先后修改出台了《中国共产党党内监督条例》《中国共产党问责条例》《公职人员政务处分暂行规定》《中国共产党纪律检查机关监督执纪工作规则》《中国共产党巡视工作条例》《中央巡视工作规划(2018—2022 年)》,释放出了以铁的纪律管党治党的强烈信号。

三是大力维护党内法规制度体系统一。党的十八大以来,按照有件必备、有备必审、有错必纠原则,中央全面深入开展党内法规制度备案审查工作,共审查地方和部门向党中央报备的党内法规和规范性文件 3.2 万余件、发现和处理"问题文件"1400 余件,有力维护了党内法规和党的政策的统一性严肃性;同时,于 2012—2014 年、2018—2019 年先后两次在全党范围内开展党内法规和规范性文件集中清理活动,在中央层面决定废止、宣布失效和修改 865 件,实现了党内法规制度的"瘦身"和"健身",维护了党内法规体系的协调统一。

截至 2021 年 7 月 1 日,全党现行有效党内法规共 3615 部,其中党中央制定的中央党内法规 211 部,中央纪律检查委员会以及党中央工作机关制定的部委党内法规 163 部,省、自治区、直辖市党委制定的地方党内法规 3241 部。目前,我们党已经形成了以党章为根本,以民主集中制为核心,以准则、条例等中央党内法规为主干,以部委党内法规、地方党内法规为重要组成部分,由各领域各层级党内法规组成的有机统一整体的党内法规体系,为制度治党、推进党的建设新的伟大工程奠定了坚实基础。

(4)防止制度成为“稻草人”,提升制度执行力

制度治党核心是执行。在 2014 年 1 月召开的中央政法工作会议上,习近平指出:“要狠抓制度执行,扎牢制度篱笆,真正让铁规发力、让禁令生威。”① 2014 年 5 月,在参加河南省兰考县委常委班子专题民主生活会时,习近平指出,“我们的制度不少,但不要让它们形同虚设,成为‘稻草人’”,“很多情况没有监督,违反了也没有任何处理。这样搞,谁会把制度当回事呢?”,“我们的制度有些还不够健全,已经有的铁笼子门没关上,没上锁。或者栅栏太宽了,或者栅栏是用麻秆做的,那也不行。现有制度都没执行好,再搞新的制度,可以预言也会是白搭”。② 一分部署还要九分落实,制度治党的关键就是要防止制度成为“稻草人”,提升制度执行力。一是要确保各项法规制度落地生根。目前,一些单位或一些领导机关还存在落实制度不严、制度失效的问题。比如,有的单位的制度与规定一大摞,却贴在墙上、晒在网上、挂在嘴上,独独没有走进心里、落实到行动上,结果中看不中用,形同虚设。因此,我们党一是要紧抓制度教育,加大制度宣传力度;二是要重视制度执行,抓好制度落实,让制度成为党员自觉执行的行为规范;三是要抓监督检查,通过定期反馈增强制度落实效果。

有责必问、问责必严,突出制度刚性。2013 年 7 月,习近平在河北省调研时指出:“一些单位包括有的领导机关,讲面子不讲规矩,讲关系不讲原则。”③因

---

① 《习近平关于党风廉政建设和反腐败斗争论述摘编》,中央文献出版社、中国方正出版社 2015 年版,第 127 页。

② 《习近平关于党风廉政建设和反腐败斗争论述摘编》,中央文献出版社、中国方正出版社 2015 年版,第 128—129 页。

③ 《习近平关于严明党的纪律和规矩论述摘编》,中央文献出版社、中国方正出版社 2016 年版,第 73 页。

此,我们党要抓住问责这个"牛鼻子",切实解决制度成为"稻草人"的问题。一是要健全问责机制,把监督检查、目标考核、责任追究有机结合起来,形成法规制度执行的强大推动力;二是要坚决严肃查处违规违纪、破坏法规制度的党员干部,对踩"红线"、越"底线"、闯"雷区"的行为不姑息、不放任,不留"暗门"、不开"天窗";三是要严格实施责任追究制度,坚持"一案双查",对严重违反党的政治纪律和政治规矩、组织纪律的地方、部门和单位,既追究主体责任、监督责任,又严肃追究领导责任,切实做到有责必问、问责必严。

新时代永葆党的纯洁性的价值意蕴

党的十八大以来,全党从应对新形势下党面临的风险和挑战出发,不断增强政治意识、危机意识、责任意识,切实做好保持党的纯洁性的各项工作。保持党的纯洁性,既是党的十八大以来我们党的突出理论成果,也是重要的实践成果,传承了马克思主义政党永葆纯洁性的优良品质,升华了我们党十八大以来加强自身建设的宝贵经验,体现了全党全面建设社会主义现代化国家的决心和意志,彰显了重要的价值意蕴。

(一)新时代永葆党的纯洁性的理论价值

习近平关于党的纯洁性建设的重要论述,发展了马克思主义的无产阶级政党纯洁性理论,丰富了习近平新时代中国特色社会主义思想,推动了中国化马克思主义党建理论的发展,具有重要的理论价值。

1.发展了马克思主义的无产阶级政党纯洁性理论

随着习近平关于党的纯洁性建设重要论述的不断发展,我们党进一步厘清了"党没有自己特殊的利益"这一理论问题,深刻论述和回答了党的纯洁性与党的建设、党的纯洁性与革命性之间的关系问题,发展了马克思主义的无产阶级政党纯洁性理论。

（1）厘清了"党没有自己特殊的利益"问题

在庆祝中国共产党成立 100 周年大会上的讲话中,习近平指出:"中国共产党始终代表最广大人民根本利益,与人民休戚与共、生死相依,没有任何自己特殊的利益,从来不代表任何利益集团、任何权势团体、任何特权阶层的利益。"①这就厘清了"党没有自己特殊的利益"问题。

一是党没有自己特殊的利益是由马克思主义政党的性质决定的。先进性和纯洁性是马克思主义政党的本质属性。马克思恩格斯在《共产党宣言》中指出:"无产阶级的运动是绝大多数人的,为绝大多数人谋利益的独立的运动。"②"在无产阶级和资产阶级的斗争所经历的各个发展阶段上,共产党人始终代表整个运动的利益。"③中国共产党是依据马克思主义理论建立并以这一科学理论为指导的政党,是中国工人阶级的先锋队,是中国人民和中华民族的先锋队,是中国特色社会主义事业的领导核心。马克思主义政党的性质决定了中国共产党具有与生俱来的纯洁性,在保持党的思想纯洁、政治纯洁、组织纯洁、作风纯洁方面始终具有优越于其他政党的地方。

党的十八大以来,习近平多次把"没有自己特殊的利益"作为马克思主义政党与其他政党的根本区别之一。习近平指出:"我们党没有自己特殊的利益,党在任何时候都把群众利益放在第一位。这是我们党作为马克思主义政党区别于其他政党的显著标志。"④在党的十八届五中全会第二次全体会议上的讲话中,习近平指出:"全党同志特别是各级领导干部都要牢记党章中的规定:党除了工人阶级和最广大人民群众的利益,没有自己特殊的利益。如果有了自己的私利,那就什么事情都能干出来。党内不能存在形形色色的政治利益集团,也不能存在党内同党外相互勾结、权钱交易的政治利益集团。党中央坚定不移反

① 习近平:《在庆祝中国共产党成立 100 周年大会上的讲话》,《人民日报》2021 年 7 月 2 日。

② 《马克思恩格斯选集》第一卷,人民出版社 2012 年版,第 411 页。

③ 《马克思恩格斯文集》第二卷,人民出版社 2009 年版,第 44 页。

④ 《习近平谈治国理政》第四卷,外文出版社 2022 年版,第 53 页。

对腐败,就是要防范和清除这种非法利益关系对党内政治生活的影响,恢复党的良好政治生态,而这项工作做得越早、越坚决、越彻底就越好。"①在庆祝中国共产党成立 95 周年大会上的讲话中,习近平指出:"中国共产党之所以能够完成近代以来各种政治力量不可能完成的艰巨任务,就在于始终把马克思主义这一科学理论作为自己的行动指南,并坚持在实践中不断丰富和发展马克思主义。这使我们党得以摆脱以往一切政治力量追求自身特殊利益的局限,以唯物辩证的科学精神、无私无畏的博大胸怀领导和推动中国革命、建设、改革,不断坚持真理、修正错误。"②由以上重要论述可以明确,中国共产党作为马克思主义的无产阶级政党,是人类历史上最先进的新型革命政党,这种政治基因决定了中国共产党"没有任何同整个无产阶级的利益不同的利益"③,且"始终代表整个运动的利益"④,能够永葆马克思主义政党的纯洁基因。

二是党没有自己特殊的利益是由马克思主义政党的根本宗旨决定的。马克思主义政党代表着最广大人民的根本利益,以服务人民群众、为人民群众谋利益作为自己的根本宗旨。中国共产党自诞生之日起就给自己制定了明确的宗旨——"我们这个队伍完全是为着解放人民的,是彻底地为人民的利益工作的"⑤。中国共产党根基在人民、血脉在人民、力量在人民。党的根本立场是人民立场,党的根本宗旨是全心全意为人民服务。在抗战时期,毛泽东就明确指出:"共产党是为民族、为人民谋利益的政党,它本身决无私利可图。"⑥邓小平指出:"同资产阶级的政党相反,工人阶级的政党不是把人民群众当作自己的工具,而是自觉地认定自己是人民群众在特定的历史时期为完成特定的历史任务

---

① 《习近平关于严明党的纪律和规矩论述摘编》,中央文献出版社、中国方正出版社 2016 年版,第 30—31 页。

② 习近平:《在庆祝中国共产党成立 95 周年大会上的讲话》,《人民日报》2016 年 7 月 2 日。

③ 习近平:《在纪念马克思诞辰 200 周年大会上的讲话》,人民出版社 2018 年版,第 23 页。

④ 习近平:《在纪念马克思诞辰 200 周年大会上的讲话》,人民出版社 2018 年版,第 23 页。

⑤ 《毛泽东选集》第三卷,人民出版社 1991 年版,第 1004 页。

⑥ 《毛泽东选集》第三卷,人民出版社 1991 年版,第 809 页。

的一种工具。"①习近平认为,马克思主义权力观概括起来是两句话:权为民所赋,权为民所用。② 马克思主义政党始终代表最广大人民的根本利益,始终与人民群众真正心连心、同呼吸、共命运。习近平多次指出,"党内决不能搞封建依附那一套,决不能搞小山头、小圈子、小团伙那一套,决不能搞门客、门宦、门附那一套"③,"不允许搞团团伙伙、帮帮派派,不允许搞利益集团、进行利益交换"④。中国共产党如果有了自己特殊的利益,就容易形成封建依附那一套,就会产生各种各样的小山头、小圈子、小团伙;一旦出现利益集团,就会改变党的无产阶级的纯洁品质,就会掺进非无产阶级的"杂质",就不可能做到全心全意为人民服务。近年来,一些西方国家政坛乱象丛生,看似民主的西方政党制度实则代表少数权势团体和部分特权阶层的利益,未能真正实现民众的政治诉求,进而出现政党失信、社会对立分裂现象。中国共产党反复强调"得道者多助,失道者寡助"⑤,其中"道"就是人民。得民心才能得天下,合民意才能稳政权。我们党从来不代表任何权势团体的利益,人民大众才是国家的主人,权力掌握在人民手中。

三是党没有自己特殊的利益是我们党深刻剖析马克思主义政党兴衰成败得出的经验教训。20 世纪末,苏联解体、东欧剧变,许多社会主义国家一夜之间丢掉政权。这不禁让我们思考,为什么拥有 20 万党员的苏联共产党能够建立起苏维埃政权,拥有 200 万党员的苏联共产党能够领导人民打败法西斯,保卫自己的政权,但当发展壮大到近 2000 万党员时却把政权丢掉了? 2021 年 1 月11 日,习近平在省部级主要领导干部学习贯彻党的十九届五中全会精神专题研讨班上的讲话中指出:"苏联是世界上第一个社会主义国家,取得过辉煌成就,

---

① 《邓小平文选》第一卷,人民出版社 1994 年版,第 217—218 页。

② 《领导干部"三严三实"学习读本》,人民出版社 2015 年版,第 66 页。

③ 中共中央文献研究室:《十八大以来重要文献选编》上,中央文献出版社 2014 年版,第 770 页。

④ 习近平:《在党的群众路线教育实践活动总结大会上的讲话》,《人民日报》2014 年 10月 9 日。

⑤ 《胡乔木文集》第一卷,人民出版社 2012 年版,第 603 页。

但后来失败了、解体了,其中一个重要原因是苏联共产党脱离了人民,成为一个只维护自身利益的特权官僚集团。"①多么令人唏嘘!苏联共产党执政74年,最后却因管党治党不严、理想信念动摇、精神懈怠、消极腐败、脱离群众而蜕变为只维护自身利益的特权官僚集团,丧失了马克思主义政党的纯洁性,导致政权终结。纵观世界政党,一些大党老党之所以亡党亡国,很大的原因就是背离了初心使命,在长期执政的条件下逐渐沦为利益集团围猎的对象、权势团体谋利的工具,最终变质、变色、变味,失去政权。

从中国共产党百年奋斗历程来看,坚决反对特权思想和特权现象是我们党的一贯主张。毛泽东屡次告诫全党"不要形成一个脱离人民的贵族阶层"②。改革开放以来,邓小平、江泽民、胡锦涛都提出坚决抵制党内的特权思想和特权现象,并作出一系列制度安排,以解决这些问题。习近平多次谈到"反对特权"的问题,把反对特权思想、特权现象上升为涉及党和国家能不能永葆生机活力的大问题来看待。在党的十八届中央纪委二次全会上,习近平发表重要讲话,指出:"反腐倡廉建设,必须反对特权思想、特权现象。共产党员永远是劳动人民的普通一员,除了法律和政策规定范围内的个人利益和工作职权以外,所有共产党员都不得谋求任何私利和特权。这个问题不仅是党风廉政建设的重要内容,而且是涉及党和国家能不能永葆生机活力的大问题。要采取得力措施,坚决反对和克服特权思想、特权现象。"③在"不忘初心、牢记使命"主题教育工作会议上,习近平指出:"清正廉洁作表率,重点是教育引导广大党员干部保持为民务实清廉的政治本色,正确处理公私、义利、是非、情法、亲清、俭奢、苦乐、得失的关系,自觉同特权思想和特权现象作斗争,坚决预防和反对腐败,清清白白为官、干干净净做事、老老实实做人。"④全体党员只有自觉同形形色色的特

① 习近平:《论把握新发展阶段、贯彻新发展理念、构建新发展格局》,中央文献出版社2021年版,第479—480页。

② 《毛泽东年谱(1949~1976)》第三卷,中央文献出版社2013年版,第34页。

③ 《习近平谈治国理政》,外文出版社2014年版,第388页。

④ 习近平:《在"不忘初心、牢记使命"主题教育工作会议上的讲话》,人民出版社2019年版,第9—10页。

权思想、特权现象作斗争,才能构筑起预防和抵制特权的防护网,才能与人民群众同呼吸、共命运,才能保持马克思主义政党的纯洁性和生命力,才能不断巩固长期执政地位。

(2)论述了党的纯洁性与党的建设的关系问题

党的纯洁性是党的建设的主线内容。2020 年 1 月 8 日,习近平在"不忘初心、牢记使命"主题教育总结大会上的讲话中强调:"我们党作为百年大党,要始终得到人民拥护和支持,书写中华民族千秋伟业,必须始终牢记初心和使命,坚决清除一切弱化党的先进性、损害党的纯洁性的因素,坚决割除一切滋生在党的肌体上的毒瘤,坚决防范一切违背初心和使命、动摇党的根基的危险。"①长期以来,我们党高度重视纯洁性建设。1945 年,针对国内革命形势的变化,毛泽东强调,如果我们要取得全国胜利,"就要有一个有纪律的、思想上纯洁的、组织上纯洁的党,合乎统一的标准的党"②。胡锦涛在党的十七届中央纪委七次全会上发表的重要讲话中,专题讨论了保持党的纯洁性问题,指出"经受考验、化解危险,最根本的是要加强党的自身建设,始终保持党的先进性和纯洁性"③。自中国共产党创立之日起,我们党就高度重视探索党的建设规律,党的十七大明确把党的执政能力建设和先进性建设作为党的建设主线;党的十八大正式提出,要牢牢把握加强党的执政能力建设、先进性和纯洁性建设这条主线,将主线问题从党的执政能力建设、党的先进性建设"双主体"拓展到党的执政能力建设、先进性和纯洁性建设"三主体";党的十九大结合世情国情党情变化,对主线问题进行再论述,明确了"以加强党的长期执政能力建设、先进性和纯洁性建设为主线"的新时代党的建设总要求,确定了管党治党的重要方向。

党的建设是党的纯洁性的重要保障。在"不忘初心、牢记使命"主题教育总

---

① 中共中央党史和文献研究院:《十九大以来重要文献选编》中,中央文献出版社 2021 年版,第 376 页。

② 《毛泽东文集》第三卷,人民出版社 1996 年版,第 261 页。

③ 《胡锦涛文选》第三卷,人民出版社 2016 年版,第 577 页。

结大会上,习近平强调:"马克思主义政党的先进性和纯洁性不是随着时间推移而自然保持下去的,共产党员的党性不是随着党龄增长和职务提升而自然提高的。"①要始终保持党的纯洁性,需要发挥党的主观能动性,加强自身建设,来抵御一切影响党的先进性、弱化党的纯洁性的风险挑战,以党的建设质量保障党的纯洁品质。党的十八大以来,我们党坚持以政治建设为统领,不断提高全党的政治判断力、政治领悟力、政治执行力;坚持思想建党与理论强党相统一,进一步强化对党的思想认同、理论认同、情感认同;坚持以组织体系和人才队伍建设为重点,保持党组织强大的创造力、凝聚力、战斗力;坚持驰而不息正风肃纪反腐,确保党不变质、不变色、不变味;坚持把制度建设贯穿到党的建设的全过程,进一步发挥规章制度惩治震慑、制度约束、提高觉悟的作用。通过推进新时代党的建设新的伟大工程,不断增强党自我净化、自我完善、自我革新、自我提高的能力,保障了党的政治纯洁、思想纯洁、组织纯洁、作风纯洁,取得了党的纯洁性建设的重大成就。

(3)回答了党的纯洁性与革命性的关系问题

在新进中央委员会的委员、候补委员和省部级主要领导干部学习贯彻习近平新时代中国特色社会主义思想和党的十九大精神研讨班上,习近平强调:"我们党是马克思主义执政党,但同时是马克思主义革命党,要保持过去革命战争时期的那么一股劲、那么一股革命热情、那么一种拼命精神,把革命工作做到底。"②革命性是马克思主义政党的鲜明特征,是中国共产党与生俱来的本质属性。从阶级基础看,无产阶级身处资本主义社会最底层,受到的剥削和压迫最深,理应是革命中最坚决、最彻底的阶级,具有与生俱来的革命属性。从历史使命看,无产阶级通过革命运动,对人的解放不仅是停留于"政治解放",而是要进一步把人从资本主义生产关系中解放出来,实现自由而全面发展的"人的解

---

① 中共中央党史和文献研究院:《十九大以来重要文献选编》中,中央文献出版社2021年版,第377页。

② 《习近平关于"不忘初心、牢记使命"论述摘编》,党建读物出版社、中央文献出版社2019年版,第170页。

放",这就使得革命性不是政党在某一个历史时期的特殊秉性,而是流淌于全部历史中的品性。以中国共产党为例,我们党诞生于内忧外患的新民主主义革命时期,发展于风起云涌的社会主义革命和建设时期,壮大于改革开放时期。我们党和国家建设的非凡成就都是在艰苦的革命斗争中取得的,都是党领导中国人民进行革命斗争的必然结果,体现了马克思主义政党的革命基因。正如习近平所言:"回顾党的历史,我们党总是在推动社会革命的同时,勇于推动自我革命,始终坚持真理、修正错误,敢于正视问题、克服缺点,勇于刮骨疗毒、去腐生肌。正因为我们党始终坚持这样做,才能够在危难之际绝处逢生、失误之后拨乱反正,成为永远打不倒、压不垮的马克思主义政党。"①

党的革命性是纯洁性的重要保障。从诞生之日起,马克思主义政党无时无刻不处在资产阶级和小资产阶级的包围中,也无时无刻不在与非无产阶级的思想、观点和人物作斗争。如,马克思恩格斯先后与魏特林空想社会主义、德国党内的议会合法主义思潮、蒲鲁东改良主义、拉萨尔主义、巴枯宁无政府主义等思想流派展开了激烈的论战;以列宁为首的布尔什维克对孟什维克主义、民粹派思潮、伯恩施坦修正主义、考茨基右倾机会主义、马赫经验批判主义进行了坚决的回击;中国共产党人更是始终处在与主观主义、教条主义、经验主义、宗派主义、官僚主义作斗争的过程中。尤其是进入新时代以来,以习近平同志为核心的党中央坚持自我革命,坚决清除一切损害党的先进性和纯洁性的因素,清除一切侵蚀党的健康肌体的毒瘤,在党内开展大规模反腐行动,以反腐败无禁区、全覆盖、零容忍的态度,持之以恒"打虎""拍蝇""猎狐",严肃查处严重违纪违法案件,铲除政治腐败和经济腐败相互交织的利益集团,清除了党和国家重大政治隐患。通过坚决斗争,那些非马克思主义的理念和观点被一一驳斥,那些"满脑子都是资产阶级的和小资产阶级的观念"②的冒牌党员被清除出党,从而使马克思主义政党的纯洁品质得以一以贯之。

---

① 习近平:《在"不忘初心、牢记使命"主题教育总结大会上的讲话》,人民出版社 2020年版,第 16 页。

② 《马克思恩格斯全集》第二十五卷,人民出版社 2001 年版,第 362 页。

2. 丰富了习近平新时代中国特色社会主义思想

习近平新时代中国特色社会主义思想,是我们党在领导全国各族人民进行社会主义现代化建设实践中,在系统回答新时代坚持和发展什么样的中国特色社会主义、怎样坚持和发展中国特色社会主义,建设什么样的社会主义现代化强国、怎样建设社会主义现代化强国,建设什么样的长期执政的马克思主义政党、怎样建设长期执政的马克思主义政党等重大时代课题的基础上,形成的一套主题鲜明、系统全面、逻辑严密、内涵丰富、内在统一的科学理论体系。新时代永葆党的纯洁性的理论与实践,从多个方面丰富和发展了习近平新时代中国特色社会主义思想。

(1)凸显了党的领导的最本质特征和最大优势

党的领导是中国特色社会主义的最本质特征和最大优势。党的十九大报告提出的"明确中国特色社会主义最本质的特征是中国共产党领导,中国特色社会主义制度的最大优势是中国共产党领导,党是最高政治领导力量,提出新时代党的建设总要求,突出政治建设在党的建设中的重要地位"①,是习近平新时代中国特色社会主义思想中最重要、最核心的"十个明确"内容之一。党的十八大以来,以习近平为主要代表的中国共产党人不断丰富和发展着党的纯洁性建设理论,进一步凸显了党的领导是中国特色社会主义的最本质特征和最大优势。

习近平在2014年党的十八届中央政治局第十六次集体学习时的讲话中提出:"中国特色社会主义最本质的特征就是坚持中国共产党的领导,中国的事情要办好首先中国共产党的事情要办好。"②2021年,在庆祝中国共产党成立100周年大会上,习近平再次强调:"办好中国的事情,关键在党。中华民族近代以来180多年的历史、中国共产党成立以来100年的历史、中华人民共和国成立

---

① 习近平:《决胜全面建成小康社会 夺取新时代中国特色社会主义伟大胜利——在中国共产党第十九次全国代表大会上的报告》,《人民日报》2017年10月28日。

② 《坚持从严治党落实管党治党责任 把作风建设要求融入党的制度建设》,《人民日报》2014年7月1日。

以来 70 多年的历史都充分证明,没有中国共产党,就没有新中国,就没有中华民族伟大复兴。"①实践中,我们看到,在中国共产党已经成为长期执政的马克思主义政党的历史条件下,我们时刻面临着党内党外存在的各种风险和挑战,时刻警惕着国内国外敌对势力否定党的领导的图谋,时刻肩负着带领中国人民实现伟大复兴的光荣梦想。要把这些风险挑战解决掉、化解掉,实现伟大梦想,就必须保持党的纯洁性。这是我们坚持和发展中国特色社会主义的重要保证,也是我们加强党的建设的重要经验。正是因为我们党始终坚持从党的自身建设抓起,始终保持党的纯洁性和先进性,才能始终坚持党的集中统一领导,才能成功应对一系列重大风险挑战、克服无数艰难险阻,才能始终坚持走中国特色社会主义道路。

(2)落实了新时代党的建设总要求

新时代党的建设总要求是:坚持和加强党的全面领导,坚持党要管党、全面从严治党,以加强党的长期执政能力建设、先进性和纯洁性建设为主线,以党的政治建设为统领,以坚定理想信念宗旨为根基,以调动全党积极性、主动性、创造性为着力点,全面推进党的政治建设、思想建设、组织建设、作风建设、纪律建设,把制度建设贯穿其中,深入推进反腐败斗争,不断提高党的建设质量,把党建设成为始终走在时代前列、人民衷心拥护、勇于自我革命、经得起各种风浪考验、朝气蓬勃的马克思主义执政党。进入新时代以来,我们党通过不断推进和加强党的纯洁性建设,有效推动了党的长期执政能力建设、党的先进性建设,使新时代党的建设总要求得到进一步落实。

有效加强和改进了党的领导。中国共产党的领导是全国各族人民的利益所在、幸福所在。党的领导是历史的选择、人民的选择。党的十八大以来,以习近平同志为核心的党中央以巨大的政治勇气和强烈的责任担当,推动党和国家事业取得了全方位、开创性的历史性成就,发生了深层次、根本性的历史性变

① 习近平:《在庆祝中国共产党成立 100 周年大会上的讲话》,《人民日报》2021 年 7 月 2 日。

革,中华民族迎来了从站起来、富起来到强起来的伟大飞跃,迎来了实现中华民族伟大复兴的光明前景。这一系列成就的取得,得益于党的全面领导,得益于永葆党的纯洁性带来的党的领导能力、领导水平的不断提升。事实充分证明,只有不断推进党的纯洁性建设,才能推进党的面貌焕然一新,才能促进党的领导坚强有力。正是有了中国共产党的坚强领导,我们的国家、我们的民族才有了今天这样的辉煌成就,才以这样的崭新姿态屹立于世界的东方。因此,在坚持党的领导这个重大原则问题上,我们决不能有任何含糊和动摇,必须高度自觉、坚定不移地通过党的纯洁性建设加强和改进党的领导。

推动了新时代党的建设的主线的完善。党的十九大报告强调,新时代党的建设要以加强党的长期执政能力建设、先进性和纯洁性建设为主线,将纯洁性建设列入党的建设主线,揭示了马克思主义执政党建设的本质要求。通过党的纯洁性建设,保证了全党思想统一、步调一致,提高了党把握政治方向、保持政治定力、驾驭政治局面、防范政治风险的能力,有效应对了长期执政、改革开放、市场经济、外部环境"四大考验",有效克服了精神懈怠、能力不足、脱离群众、消极腐败"四种危险",解决了管党治党宽松软的问题,党内政治生活气象更新,党内政治生态明显好转,党的面貌焕然一新。

对党的建设总布局提出纯洁性的要求。从党的十九大报告提出的新时代党的建设总要求,到党的二十大对新时代党的建设总要求的最新阐述,我们可以看出,在新时代党的建设总要求中,党的建设总布局是关键。新时代永葆党的纯洁性,从政治纯洁、思想纯洁、组织纯洁、作风纯洁四个方面对党的建设总布局提出明确要求,全面推进党的建设的方方面面,有效落实管党治党政治责任,以伟大自我革命引领伟大社会革命。

有力提升了党的建设质量。党的十八大以来,以习近平同志为核心的党中央高度重视党的质量提升问题,强调"把抓好党建作为最大的政绩"①和"全面

---

① 中共中央文献研究室:《十八大以来重要文献选编》中,中央文献出版社 2016 年版,第 94 页。

提高党的建设科学化水平"①。通过自我净化、自我完善、自我革新、自我提高，党的政治领导力、思想引领力、群众组织力、社会号召力不断增强，党的纯洁性建设成效突出，党的建设质量提升明显，为我们党始终成为领导中国革命、建设、改革的核心力量提供了坚强保障。我们坚信，只要全党上下勠力同心、共同奋斗，我们党一定能够成为始终走在时代前列、人民拥护、勇于自我革命、经得起各种风浪考验、朝气蓬勃的伟大马克思主义执政党。

（3）夯实了全面从严治党的战略举措

全面从严治党是党的十八大以来以习近平同志为核心的党中央作出的重大战略部署，是我们进行党的建设的重要战略抓手。全面从严治党，基础在全面，关键在严，要害在治。在内容上，"全面"表现为涵盖了思想建设、政治建设、组织建设、纪律建设、作风建设、制度建设等多个方面。这是从管党治党的广度上推进党的纯洁性建设，使党的建设在各个方面都有章可循、有规可依。在态度上，"严"表现为真管敢管的勇气和责任感。推进党的纯洁性建设必然会触及利益问题，但是不得罪成百上千的腐败分子，就要得罪十四亿人民。这是从管党治党的力度上推进党的纯洁性建设，能使党的建设始终站在人民的立场上，与腐败分子作斗争。在手段上，"治"表现为通过多样化的途径实现标本兼治、重在治本的有机统一。治标和治本是同一个问题的两个方面，在治标中巩固治本的成效，在治本中强化治标的效果。这是从管党治党的强度上推进党的纯洁性建设，使党的建设在外在约束和自我反思中获得持久稳定的成效。围绕全面从严治党的战略部署，习近平关于党的纯洁性建设重要论述从政治纯洁、思想纯洁、组织纯洁、作风纯洁四个方面，夯实了全面从严治党的战略举措。

以政治纯洁推进党的政治建设。马克思主义政党必须讲政治，注重政治建设是我们党的优良传统，要坚持把政治纯洁放在党的纯洁性建设的首位。只有把党的政治建设摆在首位，以党的政治建设统领党的其他建设，在政治立场、政

---

① 中共中央文献研究室：《十八大以来重要文献选编》上，中央文献出版社 2014 年版，第 38 页。

治方向、政治原则、政治道路上同党中央保持高度一致,才能使党员干部把对党忠诚、为党分忧、为党尽责、为民造福作为根本政治担当,永葆共产党人政治本色,才能在新时代有效应对"四大考验"、有效克服"四种危险",才能推动真讲政治、敢讲政治、实讲政治、严讲政治在全党蔚然成风。

以思想纯洁推进党的思想建设。思想建设是党的基础性建设,加强党的思想建设就需要加强广大党员的理想信念建设,以理性信念教育确保思想纯洁。理想指引人生方向,信念决定事业成败。习近平把理想信念比喻为共产党人精神上的"钙",精神上"缺钙"就可能导致政治上变质、经济上贪婪、道德上堕落、生活上腐化。因此,共产党人要牢记党的宗旨,挺起精神脊梁,解决好世界观、人生观、价值观这个"总开关"问题。

以组织纯洁推进党的组织建设。党的组织建设主要包括民主集中制建设、党的基层组织建设、干部队伍建设和党员队伍建设等内容。党坚持党管干部原则,坚持正确选人用人导向,突出政治标准,提拔重用忠诚干净担当的干部,把信念坚定、为民服务、勤政务实、敢于担当、清正廉洁的好干部标准落到实处,培养干部的专业能力、专业精神,增强干部队伍适应新时代中国特色社会主义发展要求的能力。党的基层组织是党在社会基层组织中的战斗堡垒,是党的全部工作和战斗力的基础,要真正发挥基层党组织的先锋堡垒作用,推进管党治党纵深发展,永葆党组织的纯洁性。

以作风纯洁推进党的作风建设和纪律建设,巩固反腐倡廉成效。作风建设的核心是保持党同人民群众的血肉联系,我们党的最大政治优势是密切联系群众。党风问题、党同人民群众联系问题是关系党生死存亡的问题。习近平反复指出:"工作作风的问题绝对不是小事,如果不坚决纠正不良风气,任其发展下去,就会像一座无形的墙把我们党和人民群众隔开,我们党就会失去根基、失去血脉、失去力量。"①党的纯洁性离不开作风建设,党的作风纯洁又反过来推进

---

① 中共中央文献研究室:《十八大以来重要文献选编》上,中央文献出版社2014年版,第468页。

作风建设。作风建设就要发扬钉钉子精神,一锤接着一锤敲。我们要打赢作风建设持久战,不能让享乐主义和奢靡之风卷土重来,更要大力度整治形式主义和官僚主义,督促党员干部求真务实、埋头苦干、不浮躁、不浮夸,追求实实在在的工作业绩,以勤俭节约、崇尚清廉的家风带动民风社风向善向上。廉政建设和反腐败斗争是从严治党的重中之重,人民群众最痛恨腐败现象。同时,腐败是我们党面临的最大威胁,只有以反腐败斗争永远在路上的坚韧和执着,强化不敢腐的威慑,扎牢不能腐的笼子,增强不想腐的自觉,深化标本兼治,才能保证干部清正、政府清廉、政治清明,才能跳出历史周期率,才能确保党和国家长治久安。

以党的纯洁性建设倒逼制度建设。制度问题是在党的纯洁性建设中带有根本性、全局性、稳定性、长期性的问题。以党的纯洁性建设倒逼制度建设,就是要将制度建设贯穿党的各项建设之中,让权力在阳光下运行,把权力关进制度的笼子里;就是要突出工作重点,抓紧建立和完善主干性、支撑性党内法规制度,健全相关配套法规制度,形成内容科学、程序严密、配套完备、运行有效的党内法规制度体系;要以改革创新精神解决突出问题、补齐法规制度短板;就是要抓好党内法规制度的落实,让铁规发力,让禁令生威,确保各项法规制度落地生根。

3. 推动了中国化马克思主义党建理论的发展

党的十八大以来,围绕"建设什么样的长期执政的马克思主义政党、怎样建设长期执政的马克思主义政党",我们取得了重大创新成果,极大地推动了中国化的马克思主义党建理论发展。

(1)深刻回答了建设什么样的长期执政的马克思主义政党

作为世界各国政党长期有效执政的典范,中国共产党通过新时代永葆党的纯洁性建设,深刻回答了建设一个什么样的长期执政的马克思主义政党这个理论问题。

一是建设"始终走在时代前列"的长期执政的马克思主义政党。2018 年 12

月,习近平在庆祝改革开放四十周年大会上指出:"历史发展有其规律,但人在其中不是完全消极被动的。只要把握住历史发展大势,抓住历史变革时机,奋发有为,锐意进取,人类社会就能更好前进。"①新时代新征程,党的纯洁性建设是习近平以更加宽广的视野审视党的建设伟大工程在当代发展的理论和实践需要。中国共产党之所以始终走在时代前列,是因为我们党始终能够把握住历史发展规律和大势,顺应时代潮流。2018年2月,习近平在春节团拜会上强调:"我们以敢闯敢干的勇气和自我革新的担当,闯出了一条新路、好路,实现了从'赶上时代'到'引领时代'的伟大跨越。"②从赶上时代到引领时代,是党在纯洁性建设下变得更加坚强有力从而占据时代制高点的实践成果。回顾党的百年奋斗历史,我们党始终紧抓党的纯洁性建设,从理论和实践两个层面洞察时代发展大势,抓住历史变革时机,顺势而为。不断把马克思主义基本原理同中国具体实际相结合、同中华优秀传统文化相结合,科学回答中国之问、世界之问、时代之问,不断推进马克思主义中国化时代化,以一脉相承又与时俱进的纯洁品质,确保了党在建设社会主义现代化国家进程中始终走在时代前列、在世界形势深刻变化的历史进程中始终走在时代前列。

二是建设"人民衷心拥护"的长期执政的马克思主义政党。习近平在庆祝中国共产党成立100周年大会上的讲话中,提到"人民"二字80多次,强调"江山就是人民、人民就是江山"③,中国共产党"打江山、守江山,守的是人民的心"④。2021年2月,习近平在党史学习教育动员大会上明确指出:"从某种意义上说,自从党成立以来,我们党面临的最大风险是内部变质、变色、变味,丧失

① 中共中央党史和文献研究院:《十九大以来重要文献选编》上,中央文献出版社2019年版,第721页。
② 习近平:《在2018年春节团拜会上的讲话》,《人民日报》2018年2月15日。
③ 习近平:《在庆祝中国共产党成立100周年大会上的讲话》,人民出版社2021年版,第11页。
④ 习近平:《在庆祝中国共产党成立100周年大会上的讲话》,人民出版社2021年版,第11页。

马克思主义政党的政治本色,背离党的宗旨而失去最广大人民支持和拥护。"①人民群众的支持和拥护是我们党长期执政的最大底气,过去如此,将来也是如此。进入新时代,习近平在多个场合强调:"人民对美好生活的向往就是我们的奋斗目标。"②2022年3月,习近平在中央党校中青年干部培训班开班式上的讲话中强调:"共产党人必须牢记,为民造福是最大政绩。我们谋划推进工作,一定要坚持全心全意为人民服务的根本宗旨,坚持以人民为中心的发展思想,坚持发展为了人民、发展依靠人民、发展成果由人民共享,把好事实事做到群众心坎上。"③人民立场是我们党的根本立场。我们要想建设一个长期执政的马克思主义政党,就应该"把人民拥护不拥护、赞成不赞成、高兴不高兴、答应不答应作为制定方针政策和作出决断的出发点和归宿"④。新时代永葆党的纯洁性,就是要求全体党员时刻做到情为民所系、权为民所用、利为民所谋;坚持人民至上,为人民谋利益,以人民利益为根本考量,对人民有利的就坚决去做,对人民不利的就坚决反对,让人民过上幸福美好的生活,把我们党建设成为一个"人民衷心拥护"的长期执政的马克思主义政党。

三是建设"勇于自我革命"的长期执政的马克思主义政党。一个政党执政的时间越长,面临的风险挑战可能越大。当前,各种弱化党的先进性、损害党的纯洁性的因素无时不有,各种违背初心和使命、动摇党的根基的危险无处不在,因此建设一个"勇于自我革命"的长期执政的马克思主义政党,是中国共产党长期执政的内在要求和重要目标。习近平强调:"我们党之所以历经百年而风华正茂、饱经磨难而生生不息,就是凭着那么一股革命加拼命的强大精神。"⑤

① 习近平:《在党史学习教育动员大会上的讲话》,人民出版社2021年版,第18页。

② 《中共中央关于党的百年奋斗重大成就和历史经验的决议》,人民出版社2011年版,第47页。

③ 《习近平在中央党校(国家行政学院)中青年干部培训班开班式上发表重要讲话强调 筑牢理想信念根基树立践行正确政绩观 在新时代新征程上留下无悔的奋斗足迹》,《人民日报》2022年3月2日。

④ 习近平:《在纪念邓小平同志诞辰110周年座谈会上的讲话》,《人民日报》2014年8月21日。

⑤ 《习近平谈治国理政》第四卷,外文出版社2022年版,第514页。

2021年11月,党的十九届六中全会通过的《中共中央关于党的百年奋斗重大成就和历史经验的决议》指出:"党的伟大不在于不犯错误,而在于从不讳疾忌医,积极开展批评与自我批评,敢于直面问题,勇于自我革命。"①中国共产党越是长期执政,越不能丢掉马克思主义政党的本色,越不能丧失自我革命的强大精神。我们党高度重视纯洁性建设,不仅在长期执政过程中努力做到拒腐防变,保持政党不变质、不变色、不变味,还不断增强自我净化、自我完善、自我革新、自我提高能力,成为具有重大全球影响力的世界第一大执政党,向世界人民展示了马克思主义的强大生命力。

四是建设"经得起各种风浪考验"的长期执政的马克思主义政党。习近平在党的十九大报告中宣告,"今天,我们比历史上任何时期都更接近、更有信心和能力实现中华民族伟大复兴的目标"②,但又清醒地指出,"中华民族伟大复兴,绝不是轻轻松松、敲锣打鼓就能实现的。全党必须准备付出更为艰巨、更为艰苦的努力"③。进入新时代,我国发展既面临大量的新情况新问题,同时又面临长期努力解决但还没有解决好的老问题,这些问题汇聚成我们党长期执政道路上的"各种风浪考验"。其中,既有如气候变化、贫富差距、粮食问题这样的传统挑战,也面临如公共医疗卫生问题、网络安全这样的非传统挑战。当然,"我们有坚强决心、坚定意志、坚实国力应对挑战,有足够的底气、能力、智慧战胜各种风险考验,任何国家任何人都不能阻挡中华民族实现伟大复兴的历史步伐"④。2016年11月,习近平在纪念朱德同志诞辰130周年座谈会上的讲话中指出:"对马克思主义的信仰、对社会主义和共产主义的信念,是共产党人的政

---

① 《中共中央关于党的百年奋斗重大成就和历史经验的决议》,人民出版社2021年版,第70页。

② 习近平:《决胜全面建成小康社会 夺取新时代中国特色社会主义伟大胜利——在中国共产党第十九次全国代表大会上的报告》,《人民日报》2017年10月28日。

③ 习近平:《决胜全面建成小康社会 夺取新时代中国特色社会主义伟大胜利——在中国共产党第十九次全国代表大会上的报告》,《人民日报》2017年10月28日。

④ 《就当前经济形势和下半年工作 中共中央召开党外人士座谈会》,《人民日报》2020年7月31日。

治灵魂,是共产党人经受住任何考验的精神支柱。"①党的纯洁性建设坚定了党员干部对马克思主义的信仰、对社会主义和共产主义的信念,从内部锤炼了我们党不畏强敌、不惧风险、敢于斗争、勇于胜利的风骨和品质,增强了我们党抵御各种风险、驾驭各种复杂局面的能力。面对各种风浪考验,共产党人将以"随时准备为党和人民牺牲一切"②的决心和勇气带领人民坚决斗争,直至取得胜利。

五是建设"朝气蓬勃"的长期执政的马克思主义政党。中国共产党历经百年而风华正茂,历经千锤百炼仍朝气蓬勃,原因就在于我们党始终致力于保持马克思主义政党的纯洁本色。2022 年 1 月,习近平在省部级主要领导干部学习贯彻党的十九届六中全会精神专题研讨班开班式上发表重要讲话,强调:"在百年奋斗历程中,党领导人民取得一个又一个伟大成就、战胜一个又一个艰难险阻,历经千锤百炼仍朝气蓬勃,得到人民群众支持和拥护,原因就在于党敢于直面自身存在的问题,勇于自我革命,始终保持先进性和纯洁性,不断增强创造力、凝聚力、战斗力,永葆马克思主义政党本色。"③在党的十九大报告中,习近平强调:"只有不忘初心、牢记使命、永远奋斗,才能让中国共产党永远年轻。"④正是因为我们党自始至终都注重纯洁性建设,始终保持先进性和纯洁性,坚定且自觉地践行初心和使命,才开辟了实现中华民族伟大复兴的正确道路,向世界展示了马克思主义政党的朝气蓬勃和生机活力,在一代又一代人的接续奋斗中依然充满蓬勃生机,深刻影响了世界历史进程。

---

① 习近平:《在纪念朱德同志诞辰 130 周年座谈会上的讲话》,《人民日报》2016 年 11 月 30 日。

② 《习近平关于全面从严治党论述摘编》,中央文献出版社 2016 年版,第 168 页。

③ 《习近平在省部级主要领导干部学习贯彻党的十九届六中全会精神专题研讨班开班式上发表重要讲话强调 继续把党史总结学习教育宣传引向深入 更好把握和运用党的百年奋斗历史经验》,《人民日报》2022 年 1 月 12 日。

④ 《习近平关于"不忘初心、牢记使命"论述摘编》,党建读物出版社、中央文献出版社 2019 年版,第 239 页。

（2）深刻回答了怎样建设长期执政的马克思主义政党

习近平在主持中央政治局第十五次集体学习时指出："我们党作为百年大党，如何永葆先进性和纯洁性、永葆青春活力，如何永远得到人民拥护和支持，如何实现长期执政，是我们必须回答好、解决好的一个根本性问题。"①围绕这个问题，以习近平为主要代表的中国共产党人进行了探索。这一探索不仅丰富了习近平关于党的纯洁性建设重要论述的理论价值，而且深刻回答了怎样建设长期执政的马克思主义政党的具体问题。

一是始终保持党的政治纯洁、思想纯洁、组织纯洁、作风纯洁。2013 年 4 月，习近平在党的十八届中央政治局第五次集体学习时强调："只要我们始终坚持党的性质和宗旨，不变色，不变质，就一定能够跳出这个历史周期率。"②

建设长期执政的马克思主义政党要求始终保持党的政治纯洁。2020 年 12 月，习近平在中共中央政治局召开的民主生活会上强调，"政治上的主动是最有利的主动，政治上的被动是最危险的被动"，"善于从政治上看问题，善于把握政治大局，不断提高政治判断力、政治领悟力、政治执行力"。③ 2021 年 2 月，习近平在党史学习教育动员大会上强调："旗帜鲜明讲政治、保证党的团结和集中统一是党的生命，也是我们党能成为百年大党、创造世纪伟业的关键所在。"④这些重要论述强调了"讲政治"的重要性。政治能力是党员干部的首要能力，政治纯洁是党的纯洁性建设的首要任务。保持党的政治纯洁就是要坚持维护党中央权威和集中统一领导，就是要严明党的政治纪律和政治规矩，就是要坚定党的政治信仰和政治定力，就是要全面净化党内政治生态。注重政治纯洁是我们

---

① 中共中央党史和文献研究院：《十九大以来重要文献选编》中，中央文献出版社 2021 年版，第 118 页。

② 《习近平关于党风廉政建设和反腐败斗争论述摘编》，中央文献出版社、中国方正出版社 2015 年版，第 6 页。

③ 《加强政治建设提高政治能力坚守人民情怀　不断提高政治判断力政治领悟力政治执行力　中共中央总书记习近平主持会议并发表重要讲话》，《人民日报》2020 年 12 月 26 日。

④ 《习近平在党史学习教育动员大会上强调　学党史悟思想办实事开新局　以优异成绩迎接建党一百周年》，《人民日报》2021 年 2 月 21 日。

党长期执政的宝贵经验,在高度重视党的政治纯洁的方针指导下,我们党从政治上看问题,全体党员在政治立场、政治方向、政治行动上同党中央保持高度一致,全党的政治意识、大局意识、核心意识、看齐意识得到有效增强。解决了许多长期想解决而没有解决的难题,办成了许多过去想办成而没有办成的大事,极大地推动了党和国家事业发展。

建设长期执政的马克思主义政党要求始终保持党的思想纯洁。党的十九大报告强调:"思想建设是党的基础性建设。"①2021 年 11 月,第三个历史决议中再次强调:"共产主义远大理想、中国特色社会主义共同理想,是中国共产党人的精神支柱和政治灵魂,也是保持党的团结统一的思想基础。"②党的百年建设经验告诉我们,如果把握不好思想的"总开关",党的其他建设就得不到巩固。思想纯洁是纯洁性建设的第一步,只有加强思想建设,做到思想纯洁,才能提高党的长期执政能力和领导水平。我们党要做到思想纯洁,首先,要坚持马克思主义理想信念教育。"马克思主义奠定了共产党人坚定理想信念的理论基础"③,马克思主义是我们立党立国的根本指导思想,对马克思主义的信仰是共产党人的政治灵魂,是共产党人经受住任何考验的精神支柱。其次,要坚持以习近平新时代中国特色社会主义思想武装全党。习近平新时代中国特色社会主义思想,是马克思主义中国化时代化最新成果,是当代中国马克思主义、21 世纪马克思主义。学习贯彻习近平新时代中国特色社会主义思想,是保持党的思想纯洁的最直接、最有效的途径。最后,要坚持推进党内学习教育制度化常态化,将经常性教育与集中教育相结合,通过制度化常态化的党内学习教育来时刻保持思想纯洁。

建设长期执政的马克思主义政党要求始终保持党的组织纯洁。首先,组织

---

① 习近平:《决胜全面建成小康社会 夺取新时代中国特色社会主义伟大胜利——在中国共产党第十九次全国代表大会上的报告》,《人民日报》2017 年 10 月 28 日。

② 《中共中央关于党的百年奋斗重大成就和历史经验的决议》,人民出版社 2021 年版,第 31 页。

③ 习近平:《在纪念马克思诞辰 200 周年大会上的讲话》,人民出版社 2018 版,第 16 页。

纯洁是马克思主义政党长期执政的基础。只有通过严密的组织体系,将单个的、分散的革命力量集中起来,个体松散无纪律的劣势才能被扭转,革命者才能被打造成有组织、有体系的有生力量,使全党成为团结统一的整体,共同抵抗一切困难和风险。其次,党要想长期保持思想统一、行动一致,也必须由"组织的物质统一"①来夯实巩固。正如列宁所强调,党"所以能够成为而且必然会成为不可战胜的力量,就是因为它根据马克思主义原则形成的思想一致是用组织的物质统一来巩固的"②。最后,组织纯洁是党长期开展各项工作的组织保障。"党的全面领导、党的全部工作要靠党的坚强组织体系去实现。"③党的工作进展到哪里,党的组织就要覆盖到哪里,如果哪个地方没有被党的组织覆盖到,那么党的决策主张便不能到达那里,党和人民群众的联系就会被削弱,党的长期执政地位就会动摇。

建设长期执政的马克思主义政党要求始终保持党的作风纯洁。习近平强调:"党的作风是党的形象,是观察党群干群关系、人心向背的晴雨表。党的作风正,人民的心气顺,党和人民就能同甘共苦。"④因此,党的作风问题在任何时候都不是小事,既关乎人心向背,也关乎党的生死存亡。如果放任不良作风发展,我们党就会脱离群众,就会失去根基、失去血脉、失去力量,那么长期执政就无从谈起。只有坚持走党的群众路线,只有与人民群众保持血肉联系,只有坚决反对群众痛恨的、发扬群众支持的,我们才能在纷繁复杂的变化中始终保持党的思想作风、学习作风、工作作风、生活作风的纯洁,才能赢得人民的支持和拥护,才能实现党的长期执政。

二是提高党的自我净化、自我完善、自我革新、自我提高的能力。党的十八大以来,党越发意识到越是长期执政,越不能丢掉马克思主义政党的纯洁本色。

① 《列宁全集》第八卷,人民出版社 2017 年版,第 415 页。
② 中共中央党史和文献研究院:《十九大以来重要文献选编》中,中央文献出版社 2021 年版,第 598 页。
③ 习近平:《在全国组织工作会议上的讲话》,人民出版社 2018 年版,第 11 页。
④ 习近平:《在庆祝中国共产党成立 95 周年大会上的讲话》,《人民日报》2016 年 7 月 2 日。

提高党的自我净化、自我完善、自我革新、自我提高的能力,永葆中国共产党的纯洁品质,是实现长期执政目标的题中之义。

增强党的自我净化能力,保证党的肌体健康。2017 年 10 月,习近平在党的十九大报告中指出:"只有以反腐败永远在路上的坚韧和执着,深化标本兼治,保证干部清正、政府清廉、政治清明,才能跳出历史周期率,确保党和国家长治久安。"①保持党的纯洁性和党的肌体健康,就是要同一切影响党的先进性、弱化党的纯洁性的问题作坚决斗争,就是要同党内目前存在的思想不纯、政治不纯、组织不纯、作风不纯等问题作坚决斗争,使党始终保持在思想上、政治上、组织上、作风上的纯洁。党的政治被净化了,党的政治生态就不会被腐蚀;党的思想被净化了,党的理想信念就不会动摇;党的组织被净化了,党内团结统一就不会被破坏;党的作风被净化了,党同人民群众的密切联系就不会被切断。唯有党不断增强自我净化能力,才能保证党的肌体健康,才能掌握百年大党永葆青春活力的密码,党的政治、思想、组织、作风才不被不良风气浸染,"堂堂正正做人、清清白白做事、老老实实做官"②才能落到实处。

增强党的自我完善能力,打造党的坚强体魄。自我完善是自我革命的重要一环,党要做到长期执政,一定要及时查漏洞、补短板,在实践中倾听群众的声音,吸收群众的智慧,弥补自身的不足,填补自身的漏洞,不断完善自我,打造党的坚强体魄。习近平强调:"我们必须正视问题,不能视而不见,高举轻放,看到问题不处理,否则就会积重难返,病入膏肓。"③正是因为我们党一以贯之地增强自我完善能力,"敢于直面自身存在的问题,勇于自我革命,始终保持先进性和纯洁性,不断增强创造力、凝聚力、战斗力,永葆马克思主义政党本色"④,严格且全面地审视自我优缺点,及时进行自我修复,我们党才有能力担负得起领

---

① 习近平:《决胜全面建成小康社会　夺取新时代中国特色社会主义伟大胜利——在中国共产党第十九次全国代表大会上的讲话》,《人民日报》2017 年 10 月 28 日。
② 《新形势下严肃党内政治生活学习要点》,人民出版社 2016 年版,第 23 页。
③ 《习近平关于党风廉政建设和反腐败斗争论述摘编》,中央文献出版社、中国方正出版社 2015 年版,第 21 页。
④ 《习近平谈治国理政》第四卷,外文出版社 2022 年版,第 32 页。

导人民进行伟大社会革命的历史责任,才能始终成为新时代坚持和发展中国特色社会主义的历史进程中的坚强领导核心,才能成为世界各国政党长期有效执政的典范。

增强党的自我革新能力,彰显党的创新精神。2016年7月,习近平在庆祝中国共产党成立95周年大会上的讲话中指出:"时代是思想之母,实践是理论之源。实践发展永无止境,我们认识真理、进行理论创新就永无止境。今天,时代变化和我国发展的广度和深度远远超出了马克思主义经典作家当时的想象。同时,我国社会主义只有几十年实践、还处在初级阶段,事业越发展新情况新问题就越多,也就越需要我们在实践上大胆探索、在理论上不断突破。"①中国特色社会主义事业是改革创新的事业,党要带领人民开创伟大事业新局面,必须增强党的自我革新能力,不断推进道路创新、理论创新、制度创新和文化创新,开拓马克思主义中国化的新境界。

增强党的自我提高能力,提高党的领导水平。2017年10月,习近平在党的十九届一中全会上指出:"当今世界正面临着前所未有的大变局,中国特色社会主义进入了新时代。党内外、国内外环境的深刻变化,工作对象和工作条件的深刻变化,知识更新周期的大大缩短,对我们的本领提出了许多新要求。"②新时代对党员干部的领导水平提出了更高要求,我们党是学习型马克思主义政党,时刻保持清醒、居安思危,在增强党的自我提高能力方面从没有停一停、歇一歇的想法。习近平高度重视党的自我提高能力,多次强调学习的重要性,"中国共产党人依靠学习走到今天,也必然要依靠学习走向未来"③。党的十八大以来,在党的不断努力下,在党的自我提高能力不断增强中,党的领导制度体系更加完善,党的领导方式更加科学,党的政治领导力、思想引领力、群众组织力、

---

① 习近平:《在庆祝中国共产党成立95周年大会上的讲话》,《人民日报》2016年7月2日。

② 《习近平关于"不忘初心、牢记使命"论述摘编》,党建读物出版社、中央文献出版社2019年版,第217页。

③ 中共中央党史和文献研究院:《十九大以来中央文献选编》中,中央文献出版社2021年版,第378页。

社会号召力显著增强。

(二) 新时代永葆党的纯洁性的实践价值

从实践上看,习近平关于党的纯洁性建设的重要论述推动了党的建设取得明显成效,提高了党的治国理政水平,为解决世界政党治理问题提供了中国方案,具有极其重要的价值意蕴。

1. 党的建设取得明显成效

党的十八大以来,全党深入探索新时代永葆党的纯洁性的理论创新。在实践中,我们党发展纯洁健康的党内政治文化,营造风清气正的良好政治生态,在坚持党的全面领导、提高管党治党水平、反腐败斗争等方面取得明显成效,为党和国家的事业发展打下了坚实基础。

(1)坚持了党的全面领导

一是党中央权威和集中统一领导得到有力保证。党的十八大以来,以习近平同志为核心的党中央提出要"旗帜鲜明讲政治、坚决维护党中央权威和集中统一领导的政治要求"①。维护党中央权威和集中统一领导的核心是坚持"两个确立",践行"两个维护"。2021 年 11 月,党的十九届六中全会通过的《中共中央关于党的百年奋斗重大成就和历史经验的决议》深刻指出:"党确立习近平同志党中央的核心、全党的核心地位,确立习近平新时代中国特色社会主义思想的指导地位,反映了全党全军全国各族人民共同心愿,对新时代党和国家事业发展、对推进中华民族伟大复兴历史进程具有决定性意义。""两个确立"论断的提出,使得党员干部更加紧密地团结在以习近平同志为核心的党中央周围,更加坚定地维护以习近平同志为核心的党中央权威,更加自觉地在思想上政治

① 中央纪委国家监委新闻传播中心:《全面从严治党职责与实践探索·调研卷》,人民出版社 2020 年版,第 13 页。

上行动上同以习近平同志为核心的党中央保持高度一致。

二是党的领导制度体系更加完善。党的领导制度是国家根本领导制度。党的十八大以来，我们党先后出台了《中国共产党问责条例》《中国共产党党内监督条例》《中国共产党纪律处分条例》《中共中央政治局关于加强和维护党中央集中统一领导的若干规定》《新形势下党内政治生活的若干准则》等一系列党内监督法规。这一方面建立健全了党对重大工作的领导体制，完善和推动了党中央重大决策机制，夯实了民主集中制组织原则；另一方面完善了党领导下的人大、政府、政协、监察机关、审判机关、检察机关、武装力量、人民团体、企事业单位、基层群众自治组织、社会组织等领导制度，强化了政治监察、政治巡视，集中查处了违背党的路线方针政策、破坏党的集中统一领导问题，确保了全党在政治立场、政治方向、政治原则、政治制度上同党中央保持高度一致。

三是党的领导方式更加科学。党的领导方式是中国共产党领导地位和执政权力的实现形式，党的执政方式是党的领导方式的重心，是领导方式的最重要的体现。党的十九大报告提到，要改进党的领导方式和执政方式，保证党领导人民有效治理国家。党的十八大以来，党从法治与制度两个方面对坚持党的全面领导作出具体安排，切实推进党的领导法治化、制度化。通过坚持依法执政，我们党在执政实践中实现了党的领导法治化、制度化，使得党的领导方式更加科学，保证了全党思想上更加统一、政治上更加团结、行动上更加一致，加强了党的全面领导。

（2）提高了管党治党水平

提高管党治党水平是加强党的建设的重要举措。习近平多次强调："办好中国的事情，关键在党，关键在党要管党、全面从严治党。"①纵观党的历史，管党治党水平关系党和国家的前途命运，凡是管党治党坚持得好，党的事业就兴旺发达；反之，党的事业就会遭受挫折。党的十八大以来，我们党在管党治党的实践中，采取因时利导、因势利导、因人利导的对策，在管党治党上更加注重整

---

① 《习近平著作选读》第二卷，人民出版社 2023 年版，第 229 页。

体推进,管党治党水平显著提高。在思想管党方面,党内先后开展了六次集中性学习教育活动,用党的创新理论武装头脑,着力解决了思想不统一、行动跟不上的问题。在制度管党方面,新制定、修订的党内法规占比超70%,现行有效党内法规近4000部,形成了比较完善的党内法规制度体系,使全体党员有规可依、有章可循。在党内监督方面,运用监督执纪"四种形态",经常开展批评和自我批评、约谈函询,让"红红脸、出出汗"成为常态。在全面从严治党的道路上,我们党打出了管党治党的组合拳,整治了多年未除的歪风邪气,使管党治党宽松软的状况得到根本扭转,党风政风焕然一新。

(3)反腐败斗争取得压倒性胜利并全面巩固

2021年1月,赵乐际在党的十九届中央纪委五次全会上指出:"在以习近平同志为核心的党中央坚强领导下,各级党组织切实履行管党治党政治责任,推动反腐败斗争取得压倒性胜利并全面巩固,全面从严治党战略性成果日益显现。"①全党在一体推进不敢腐、不能腐、不想腐的反腐败基本方针过程中,做到了有腐必反、有案必查,查处贪官之多、涉及领域之宽、行动密度之大、问责力度之强都是前所未有的,使党员干部因敬畏而"不敢"、因制度而"不能"、因觉悟而"不想",强化了不敢腐的震慑,扎牢了不能腐的笼子,增强了不想腐的自觉,通过不懈努力换来了海晏河清、朗朗乾坤,党的建设取得明显成效。

一是强化了不敢腐的政治震慑。党中央深刻认识到反腐败斗争是一场输不起也决不能输的重大政治斗争。党的十八大以来,党中央坚持反腐败无禁区、全覆盖、零容忍,坚持重遏制、强高压、长震慑,坚持受贿行贿一起查,坚持有案必查、有腐必惩,推动反腐败斗争从量的积累向质的飞跃转变,强化了党员干部不敢腐的震慑,有效推动了干部清正、政府清廉、政治清明、社会清朗。"截至2021年10月,全国纪检监察机关共立案407.8万件、437.9万人,其中立案审查

① 赵乐际:《推动新时代纪检监察工作高质量发展 以优异成绩庆祝中国共产党成立100周年——在中国共产党第十九届中央纪律检查委员会第五次全体会议上的工作报告》,《人民日报》2021年3月16日。

调查中管干部 484 人,给予党纪政务处分 399.8 万人"①。"党的十九大以来,查处民生领域侵害群众利益问题 39 万余件,处理 35.9 万人;查处扶贫领域腐败和作风问题 28 万件,处分 18.8 万人;查处黑恶势力'保护伞'相关案件 9.3 万个,处理 8.4 万人。2014 年'天网行动'开展以来,从 120 个国家和地区追回外逃人员 9165 人,其中党员和国家工作人员 2408 人,追回赃款 217.39 亿元"②。

二是扎牢了不能腐的制度藩篱。除了保持反腐败高压态势,党中央以《中国共产党章程》为依据,制定了一系列党内制度规定和国家法律法规,逐步形成了内容科学、程序严密的反腐倡廉制度体系,包括《关于新形势下党内政治生活的若干准则》《中国共产党廉洁自律准则》《中国共产党纪律处分条例》《中国共产党巡视工作条例》《中国共产党问责条例》《中国共产党党内监督条例》《关于领导干部报告个人重大事项的规定》《中华人民共和国监察法》《中华人民共和国公职人员政务处分法》等。我们党通过建立健全这些法律制度,将依法治国和依规治党相结合,提高了反腐败斗争的制度化、规范化水平,把权力关进制度的笼子里,扎牢了不能腐的笼子。

三是增强了不想腐的政治自觉。我们党坚持思想建党和制度治党相结合,主动构建拒腐防变的思想道德防线。习近平强调:"我们要坚持从教育抓起,教育引导广大党员、干部坚定理想信念,坚守共产党人精神家园,不断夯实党员干部廉洁从政的思想道德基础,筑牢拒腐防变的思想道德防线。"③党的十八大以来,党中央先后组织开展了六次集中性学习教育活动。通过这些党内学习教育活动,推进了党内学习教育制度化常态化,坚定了全党的理想信念,统一了思想认识,筑牢了拒腐防变的思想堤坝,净化了党内政治生态,增强了全体党员不想腐的自觉。

---

① 张洋、吴储岐:《反腐败斗争取得压倒性胜利并全面巩固》,《人民日报》2022 年 4 月 14 日。

② 张洋、赵成:《坚定不移正风肃纪反腐》,《人民日报》2021 年 11 月 8 日。

③ 《习近平关于党风廉政建设和反腐败斗争论述摘编》,中央文献出版社、中国方正出版社 2015 年版,第 141 页。

2. 党的治国理政水平明显提高

治国必先治党,强国必先强党。习近平强调:"没有什么外力能够打倒我们,能够打倒我们的只有我们自己。前途命运都掌握在自己手上。"①党的十八大以来,中国共产党勇于进行自我革命,以伟大的自我革命引领伟大的社会革命,同时一体推进党自身的执政能力建设,进一步提升党对国家治理体系和治理能力现代化的领导,使党的治国理政水平有了明显提高。

(1)以伟大的自我革命引领了伟大的社会革命

勇于自我革命是中国共产党区别于其他政党的显著标志,是党永葆纯洁本质的强大支撑。习近平强调:"要把新时代坚持和发展中国特色社会主义这场伟大社会革命进行好,我们党必须勇于进行自我革命,把党建设得更加坚强有力。"②党的十八大以来,我们党以刀刃向内的政治勇气,通过党的政治建设、思想建设、组织建设、作风建设、纪律建设、制度建设和反腐败斗争,充分发挥自我革命的引领作用、推动作用、保障作用,有力地反驳了"一党执政无法解决自身问题"的伪命题,推动社会革命走向深处。

一是自我革命为社会革命找准政治方向。政治方向是党生存发展的第一位的问题,事关党的前途命运和事业兴衰成败。习近平强调:"我们所要坚守的政治方向,就是共产主义远大理想和中国特色社会主义共同理想、'两个一百年'奋斗目标,就是党的基本理论、基本路线、基本方略。"③实践证明,政治方向偏离就会犯颠覆性错误。进入新时代,为了把这场伟大的社会革命进行好,我们党以政治建设统领党的自我革命,明确了应该干什么、不应该干什么,提高了党员的政治辨别力和政治敏锐性,使全体党员保持了清醒的政治头脑和强大的

---

① 习近平:《论坚持全面深化改革》,中央文献出版社 2018 年版,第 327—328 页。
② 《习近平新时代中国特色社会主义思想学习纲要》,学习出版社、人民出版社 2019 年版,第 222 页。
③ 《习近平新时代中国特色社会主义思想学习论丛》第五辑,中央文献出版社 2020 年版,第 47 页。

政治定力,为社会革命找准了政治方向、防范了政治风险,确保了社会革命始终在正确政治方向上前行。

二是自我革命为社会革命提供精神动力。思想建设是自我革命的先导。党的十八大以来,党内先后开展了多次主题教育活动,用中国特色社会主义共同理想和共产主义远大理想熔铸党的精神支柱,推动习近平新时代中国特色社会主义思想深入人心,使全党在重大原则问题上划清了真理与谬误的界限,拧紧了世界观、人生观、价值观这个"总开关"问题,筑牢了拒腐防变的思想防线,增强了党的凝聚力和战斗力,为社会革命提供了强大的精神动力。

三是自我革命为社会革命提供组织支撑。党的力量来自组织,党的全面领导和全部工作需要依靠党的组织体系去实现。党通过自我革命不断完善自身组织建设,从构建组织体系、落实组织路线、严明组织纪律等方向同时发力,尤其是注重充分发挥基层党组织战斗堡垒的作用。基层党组织作为贯彻落实党中央决策部署的"最后一公里",在进行伟大的社会革命的进程中,做到了把党员组织起来、把人才凝聚起来、把群众动员起来,把党中央的路线方针政策落到实处,为完成社会革命的任务要求提供了组织支撑。

四是自我革命为社会革命凝聚人民力量。心中有群众,脚下有力量。党中央切实加强作风建设和纪律建设,把纪律挺在前面,弘扬"三大作风",坚持"两个务必",大力整治形式主义、官僚主义、享乐主义和奢靡之风等问题,真正做到查处一案、警示一片、治理一域。共产党人通过自我革命,密切了党同人民群众的血肉联系,赢得了人民群众的真诚拥护,使人民群众愿意投身于建设社会主义现代化强国的社会革命。这为社会革命打下了深厚的群众基础,凝聚了广泛的人民力量。

(2)推进了党的执政能力建设

进入新时代,中国共产党通过不断加强党的纯洁性建设,形成了独具优势的政治领导力、思想引领力、群众组织力、社会号召力,党的执政能力显著增强。

一是党的政治领导力不断增强。政治领导力是党执政能力建设的首要内容。习近平指出:"党领导人民治国理政,最重要的就是坚持正确政治方向,始终保持我们党的政治本色,始终沿着中国特色社会主义道路前进。"①进入新时代以来,我们党始终捍卫"两个确立",坚持"两个维护",确保了党的政治建设方向,为党的治国理政举旗定向;同时,我们党始终注重保持党内政治生活的政治性和纯洁性,营造了风清气正的党内政治生态,确保了党的政治纯洁、思想纯洁、组织纯洁、作风纯洁。在不断增强政治领导力的过程中,党对人民需求的回应力、执行力不断增强,全体党员遵守政治纪律和政治规矩的意识不断提升,党组织保持政治定力、驾驭政治局面的能力不断提高,使得中国特色社会主义伟大事业能够在正确的轨道上不断前行。

二是党的思想引领力不断增强。思想引领力是党不断推进理论创新,用党的创新理论武装头脑、指导实践、抵御一切错误思潮干扰的能力,是党的理论创新和理论武装能力的体现。进入新时代,我们党一刻不停地推动理论创新,注重将马克思主义真理同中国具体实际相结合、同中华优秀传统文化相结合,推动了马克思主义中国化、时代化、大众化;一刻不停地加强党的理论武装,在全党牢固树立起共产主义远大理想和中国特色社会主义共同理想,引领人民破除了一系列不合时宜的思想观念,坚定了全社会对中国特色社会主义的道路自信、理论自信、制度自信和文化自信,推动了全党统一思想、统一意志、统一行动。

三是党的群众组织力不断增强。"增强党的群众组织力"是我们党在十九大报告中首次提出的党的执政能力内容。强大的群众组织力是党执政的基础,也是党长期执政的秘诀所在。在推进纯洁性建设的过程中,我们党始终坚持"一切为了群众,一切依靠群众,从群众中来,到群众中去"②的群众路线,自觉做到谋划发展思路向群众问计、改进发展措施向群众请教、落实发展任务靠群众支持、衡量发展成效由群众评判,坚持从人民的根本利益出发,依靠群众、发动群众、组织群众,从人民群众的伟大实践中汲取智慧和力量,不断增强群众组

---

① 《习近平著作选读》第二卷,人民出版社 2023 年版,第 391 页。
② 《习近平新时代中国特色社会主义思想学习纲要》,学习出版社、人民出版社 2019 年版,第 46 页。

织力。

四是党的社会号召力不断增强。社会号召力体现为党通过自身影响力将社会各界团结起来,围绕共同的价值理念、政治目标和社会愿景采取共同行动的能力。党的十八大以来,以习近平同志为核心的党中央通过加强纯洁性建设,在社会各界树立了敢于担当、忠于职守的良好形象,将全社会凝聚在实现中华民族伟大复兴的伟大征程中,推动中国特色社会主义事业迈上新台阶,不断增强社会号召力。如党的十八大上提出的"全面建成小康社会"战略目标,就得到了全社会的集中响应。2013—2020年,中央、省、市县财政专项扶贫资金累计投入近1.6万亿元,其中中央财政累计投入6601亿元;扶贫小额信贷累计发放7100多亿元,扶贫再贷款累计发放6688亿元,金融精准扶贫贷款发放9.2万亿元,东部9省市共向扶贫协作地区投入财政援助和社会帮扶资金1005亿多元,东部地区企业赴扶贫协作地区累计投资1万多亿元。① 最终,我国如期打赢脱贫攻坚战,历史性地解决了中华民族千百年来存在的绝对贫困问题,充分彰显了党的强大社会号召力。

3. 为解决世界政党治理问题提供中国方案

新时代是我国不断为人类作出更大贡献的时代。中国共产党在推进党的纯洁性建设的过程中,以自身的实践经历,为实现世界政党政治良性发展、解决组织通病、促进反腐倡廉建设提供了中国方案。

(1)为世界政党政治良性发展提供中国经验

近年来,"西方之乱"与"中国之治"形成鲜明对比。一些西方传统政党正遭遇民意寒流、执政能力下降的发展困境,一些主流政党甚至面临被迅速崛起的民粹极端政党取代的风险。反观中国,自党的十八大以来,中国特色社会主义进入新时代,党的领导作为中国特色社会主义最本质的特征不断突显,作为中国特色社会主义制度的最大优势不断发挥。"多个国际主流民调显示,中国

---

① 习近平:《在全国脱贫攻坚总结表彰大会上的讲话》,《人民日报》2021年2月26日。

共产党、中国政府所享有的人民满意度和支持率超过了 90%"①,居世界各国之首。中国共产党以自身建设的理论与实践,为世界其他政党的良性发展提供了经验参考。

一是坚持党的全面领导。党的领导不是空泛的,而是具体的,它体现在中国共产党治国理政的全过程。党的十八届四中全会提出了"四个善于",即要"善于使党的主张通过法定程序成为国家意志,善于使党组织推荐的人选通过法定程序成为国家政权机关的领导人员,善于通过国家政权机关实施党对国家和社会的领导,善于运用民主集中制原则维护中央权威、维护全党全国团结统一"②。只有使党的主张通过法定程序成为国家意志,才能真正确保党的主张贯彻得到落实和执行;只有使党组织推荐的人选通过法定程序成为国家政权机关的领导人员,才能使得"党管干部"和"发扬民主"相契合,实现党对国家和社会的领导;只有通过国家政权机关实施党对国家和社会的领导,才能强化党对人大、政府、监察机关、审判机关、检察机关等国家权力机关的政治监督和政治巡视;只有运用民主集中制原则维护中央权威、维护全党全国团结统一,才能在党内形成既有集中又有民主、既有纪律又有自由、既有统一意志又有个人意见的政治局面。坚持"四个善于"是中国共产党实现党的全面领导的途径和方式,既保证了全党在政治立场、政治方向、政治原则、政治道路上同党中央保持高度一致,又有利于中国共产党发挥集中力量办大事的制度优势,实现良政善治。

二是坚持人民至上。2021 年 11 月,党的十九届六中全会通过的《中共中央关于党的百年奋斗重大成就和历史经验的决议》专门强调了关于"坚持人民至上"的历史经验,即"我们始终坚持全心全意为人民服务的根本宗旨,坚持党的群众路线,始终牢记江山就是人民、人民就是江山,坚持一切为了人民、一切依靠人民,坚持为人民执政、靠人民执政,坚持发展为了人民、发展依靠人民、发展

---

① 孟东方等:《中国发展学》,人民出版社 2021 年版,第 589 页。
② 《中共中央关于全面推进依法治国若干重大问题的决定(二○一四年十月二十三日中国共产党第十八届中央委员会第四次全体会议通过)》,《人民日报》2014 年 10 月 29 日。

成果由人民共享"①。中国共产党是代表人民利益的政党,始终坚持人民至上的原则,始终把人民对美好生活的向往作为党的奋斗目标。我们党通过纯洁性建设打破了利益固化的藩篱,跳出了西方传统政党只代表部分群体利益的局限,这不仅提高了中国共产党的民意支持率,而且保证了党的路线方针政策能够及时回应和保障人民的需求,确保了政策的长期性、稳定性、连贯性,增强了人民对政党执政能力的信任,有利于国家的长远发展。

(2)为世界政党在长期执政过程中出现的组织通病提供中国思路

从世界政党政治的发展经验来看,政治退化、思想僵化、组织老化、作风腐化和制度虚化是制约政党健康发展的组织通病。

习近平强调:"勇于自我革命是中国共产党区别于其他政党的显著标志。"②中国共产党将党的自我革命精神贯穿在党的建设全过程,能够及时自我修复政党在长期执政过程中不可避免的组织通病,从而增强了党的长期执政能力。第一,在防止政治退化方面,中国共产党把党的政治建设作为党的根本性建设,以党的政治建设全面推进党的各项建设。一方面,坚决维护习近平同志党中央的核心、全党的核心地位,坚决维护党中央权威和集中统一领导,确保全党服从中央;另一方面,不断净化党内政治生态,抵制不良风气对党内生活的腐蚀,营造风清气正的良好政治生态。第二,在防止思想僵化方面,中国共产党始终坚持马克思主义在意识形态领域的指导地位,同时基于中国发展的现实基础和实践需要,以我们正在做的事情为中心,聆听时代声音,更加深入地推动马克思主义同当代中国发展的具体实际相结合、同中华优秀传统文化相结合,不断开辟21世纪马克思主义发展新境界。第三,在防止组织老化方面,中国共产党高度重视党的组织体系建设,形成了包括中央组织、地方组织、基层组织三个层级在内的严密组织体系,这是我们党强大组织力的基础所在。通过完善和落实

---

① 《中共中央关于党的百年奋斗重大成就和历史经验的决议》,人民出版社2021年版,第66页。

② 《习近平著作选读》第二卷,人民出版社2023年版,第486—487页。

民主集中制这一独特的制度优势,我们党把党员组织起来、把人才凝聚起来、把群众动员起来,使组织体系充满活力。第四,在防止作风腐化方面,中国共产党深刻认识到党的作风就是党的形象,只有持之以恒抓作风,才能时刻保持党同人民群众的密切联系。在百年奋斗历程中,中国共产党形成并发扬了理论联系实际、密切联系群众、批评和自我批评三大优良作风,着力解决人民群众反映最强烈的突出问题,狠抓官僚主义、形式主义等"四风"问题,从而保持了党的先进性和纯洁性。第五,在防止制度虚化方面,中国共产党在不断建立和完善制度的基础上注重提升制度执行力。一方面,党中央重视对历史经验的总结,能够将实践过程中的好做法好经验上升为制度机制,形成对党员的刚性制约;另一方面,党中央切实提高制度的执行力,增强党员的制度意识,将好的制度落到实处,在制度范围内开展工作,严惩违反制度的党员,将权力关进制度的笼子里,做到令行禁止、违者必究。

(3)为世界政党反腐倡廉建设提供中国智慧

党的十八大以来,党风廉政建设和反腐败斗争取得了一系列成绩,反腐败斗争取得压倒性胜利并得到全面巩固,为世界其他政党反腐倡廉建设提供了中国智慧。

第一,加强党对反腐倡廉建设的领导。党的领导是中国式反腐败斗争的根本保证。党的十八大以来,我们党逐渐形成了党委统一领导、党政齐抓共管、纪检组织协调、部门各负其责、依靠群众支持和参与的反腐领导体制和工作机制。习近平提出:"党委(党组)书记作为第一责任人,既要挂帅又要出征,对重要工作亲自部署、重大问题亲自过问、重要环节亲自协调、重要案件亲自督办。要进一步健全制度、细化责任、以上率下,层层传导压力,级级落实责任。"①这个由党领导的反腐败体制机制,不仅落实了党委对反腐败斗争的主体责任,加强了各级机关的协调工作,也向全社会表明了党中央对反腐败斗争的决心和态度,为全党全社会共同推动反腐工作提供了强大动力。

---

① 《习近平关于全面从严治党论述摘编》,中央文献出版社 2016 年版,第 229 页。

　　第二,以法治思维和法治方式反对腐败。一方面,中国共产党加强反腐败国家立法,加强反腐倡廉党内法规制度建设,在推进纯洁性建设的过程中,注重将好的反腐做法、好的反腐经验上升为制度机制,扎细扎密扎牢法规制度的笼子,充分发挥法规制度长期性和稳定性的优势,避免出现反腐时紧时松的状态。另一方面,中国共产党强化反腐法规制度的执行力,让法律制度刚性运行,确保制度要求落在实处。制度制定重要,制度执行更重要,党坚持法规制度面前人人平等、遵守法规制度没有特权、执行法规制度没有例外,任何组织和个人都没有超越法律的特权,对于违法乱纪行为,真抓严管,实现了对所有公职人员的权力约束,真正让铁规发力、让禁令生威。

参考文献

[1]《马克思恩格斯文集》第一卷,人民出版社 2009 年版。

[2]《马克思恩格斯文集》第二卷,人民出版社 2009 年版。

[3]《马克思恩格斯文集》第三卷,人民出版社 2009 年版。

[4]《马克思恩格斯文集》第四卷,人民出版社 2009 年版。

[5]《马克思恩格斯选集》第一卷,人民出版社 1995 年版。

[6]《马克思恩格斯选集》第一卷,人民出版社 2012 年版。

[7]《马克思恩格斯选集》第二卷,人民出版社 1972 年版。

[8]《马克思恩格斯选集》第二卷,人民出版社 1995 年版。

[9]《马克思恩格斯全集》第一卷,人民出版社 1956 年版。

[10]《马克思恩格斯全集》第十卷,人民出版社 1998 年版。

[11]《马克思恩格斯全集》第二十五卷,人民出版社 2001 年版。

[12]《马克思恩格斯全集》第二十九卷,人民出版社 1972 年版。

[13]《马克思恩格斯全集》第三十卷,人民出版社 1975 年版。

[14]《马克思恩格斯全集》第三十四卷,人民出版社 1972 年版。

[15]《马克思恩格斯全集》第三十六卷,人民出版社 1975 年版。

[16]《马克思恩格斯全集》第三十九卷,人民出版社 1974 年版。

[17]《马克思恩格斯全集》第四十二卷,人民出版社 1979 年版。

[18]《马克思恩格斯全集》第四十四卷,人民出版社 1982 年版。

[19]《马克思恩格斯书简》,人民出版社 1965 年版。

[20]《列宁选集》第三卷,人民出版社 1995 年版。

[21]《列宁选集》第四卷,人民出版社第 2012 年版。

[22]《列宁选集》第四卷,人民出版社 1995 年版。

[23]《列宁选集》第四卷,人民出版社 2013 年版。

[24]《列宁全集》第六卷,人民出版社 2013 年版。

[25]《列宁全集》第七卷,人民出版社 2013 年版。

[26]《列宁全集》第八卷,人民出版社 2017 年版。

[27]《列宁全集》第二十四卷,人民出版社 1990 年版。

[28]《列宁全集》第三十七卷,人民出版社 1986 年版。

[29]《列宁全集》第三十七卷,人民出版社 2017 年版。

[30]《列宁全集》第三十八卷,人民出版社 1986 年版。

[31]《列宁全集》第四十三卷,人民出版社 1987 年版。

[32]《列宁全集》第四十四卷,人民出版社 1990 年版。

[33]《列宁全集》第四十八卷,人民出版社 1987 年版。

[34]《毛泽东选集》第一卷,人民出版社 1991 年版。

[35]《毛泽东选集》第二卷,人民出版社 1991 年版。

[36]《毛泽东选集》第三卷,人民出版社 1991 年版。

[37]《毛泽东选集》第四卷,人民出版社 1991 年版。

[38]《毛泽东文集》第三卷,人民出版社 1996 年版。

[39]《毛泽东文集》第六卷,人民出版社 1999 年版。

[40]《毛泽东文集》第八卷,人民出版社 1999 年版。

[41]《邓小平文选》第一卷,人民出版社 1994 年版。

[42]《邓小平文选》第二卷,人民出版社 1994 年版。

[43]《邓小平文选》第三卷,人民出版社 1993 年版。

[44]《江泽民文选》第一卷,人民出版社 2006 年版。

[45]《江泽民文选》第二卷,人民出版社 2006 年版。

[46]《江泽民文选》第三卷,人民出版社 2006 年版。

[47]《胡锦涛文选》第三卷,人民出版社 2016 年版。

[48]《习近平谈治国理政》,外文出版社 2014 年版。

[49]《习近平谈治国理政》第一卷,外文出版社 2018 年版。

[50]《习近平谈治国理政》第二卷,外文出版社 2017 年版。

[51]《习近平谈治国理政》第三卷,外文出版社 2020 年版。

[52]《习近平谈治国理政》第四卷,外文出版社 2022 年版。

[53]《毛泽东年谱(1893～1949)》(修订本),中央文献出版社 2013 年版。

[54]《毛泽东年谱(1949～1976)》第三卷,中央文献出版社 2013 年版。

[55]《刘少奇选集》上卷,人民出版社 1981 年版。

[56]《陈云文选》第一卷,人民出版社 1995 年版。

[57]《陈云文选》第三卷,人民出版社 1995 年版。

[58]《共产党宣言》,人民出版社 2014 年版。

[59]《建党以来重要文献选编(1921～1949)》第一册,中央文献出版社 2011 年版。

[60]《建党以来重要文献选编(1921～1949)》第五册,中央文献出版社 2011 年版。

[61]《建党以来重要文献选编(1921～1949)》第二十六册,中央文献出版社 2011 年版。

[62]《建国以来重要文献选编》第九册,中央文献出版社 1994 年版。

[63]《建国以来重要文献选编》第十五册,中央文献出版社 1997 年版。

[64]《十三大以来重要文献选编》上,人民出版社 1991 年版。

[65]《十七大以来重要文献选编》上,中央文献出版社 2009 年版。

[66]《十七大以来重要文献选编》中,中央文献出版社 2011 年版。

[67]《十七大以来重要文献选编》下,中央文献出版社 2013 年版。

[68]《十八大以来重要文献选编》上,中央文献出版社 2014 年版。

[69]《十八大以来重要文献选编》中,中央文献出版社 2016 年版。

[70]《十八大以来重要文献选编》下,中央文献出版社 2018 年版。

[71]《十九大以来重要文献选编》上,中央文献出版社 2019 年版。

[72]《十九大以来重要文献选编》中,中央文献出版社 2021 年版。

[73]江泽民:《论党的建设》,中央文献出版社 2001 年版。

[74]习近平:《之江新语》,浙江人民出版社 2007 年版。

[75]习近平:《在纪念毛泽东同志诞辰 120 周年座谈会上的讲话》,人民出版社 2013 年版。

[76]习近平:《在党的群众路线教育实践活动总结大会上的讲话》,人民出版社 2014 年版。

[77]习近平:《在庆祝中国共产党成立 95 周年大会上的讲话》,人民出版社 2016 年版。

[78]习近平:《在庆祝中国共产党成立 100 周年大会上的讲话》,人民出版社 2021 年版。

[79]习近平:《决胜全面建成小康社会 夺取新时代中国特色社会主义伟大胜利——在中国共产党第十九次全国代表大会上的报告》,人民出版社 2017 年版。

[80]习近平:《在全国组织工作会议上的讲话》,人民出版社 2018 年版。

[81]习近平:《论坚持全面深化改革》,中央文献出版社 2018 年版。

[82]习近平:《在"不忘初心、牢记使命"主题教育工作会议上的讲话》,人民出版社 2019 年版。

[83]习近平:《在"不忘初心、牢记使命"主题教育总结大会上的讲话》,人民出版社 2020 年版。

[84]《全面从严治党职责与实践探索·调研卷》,人民出版社 2020 年版。

[85]习近平:《论把握新发展阶段、贯彻新发展理念、构建新发展格局》,中央文献出版社 2021 年版。

[86]习近平:《在党史学习教育动员大会上的讲话》,人民出版社 2021 年版。

[87]《习近平著作选读》第二卷,人民出版社2023年版。

[88]《习近平关于党风廉政建设和反腐败斗争论述摘编》,中央文献出版社、中国方正出版社2015年版。

[89]《习近平关于全面依法治国论述摘编》,中央文献出版社2015年版。

[90]《习近平关于协调推进"四个全面"战略布局论述摘编》,中央文献出版社2015年版。

[91]《习近平关于严明党的纪律和规矩论述摘编》,中央文献出版社、中国方正出版社2016年版。

[92]《习近平关于全面从严治党论述摘编》,中央文献出版社2016年版。

[93]《新形势下严肃党内政治生活学习要点》,人民出版社2016年版。

[94]《习近平关于社会主义政治建设论述摘编》,中央文献出版社2017年版。

[95]《习近平关于党的群众路线教育实践活动论述摘编》,党建读物出版社、中央文献出版社2014年版。

[96]《习近平关于"不忘初心、牢记使命"论述摘编》,党建读物出版社、中央文献出版社2019年版。

[97]《习近平总书记系列重要讲话读本(2016年版)》,学习出版社、人民出版社2016年版。

[98]《习近平新时代中国特色社会主义思想学习纲要》,学习出版社、人民出版社2019年版。

[99]《习近平新时代中国特色社会主义思想学习纲要(2023年版)》,学习出版社、人民出版社2023年版。

[100]《习近平新时代中国特色社会主义思想学习论丛》第五辑,中央文献出版社2020年版。

[101]《中共中央关于党的百年奋斗重大成就和历史经验的决议》,人民出版社2021年版。

[102]《领导干部"三严三实"学习读本》,人民出版社2015年版。

[103]《胡乔木文集》第一卷,人民出版社 2012 年版。

[104]赵群、孙海涛:《党的纯洁性建设研究》,辽宁人民出版社 2015 年版。

[105]张世良:《怎样炼成新时代好党员》,人民出版社 2018 年版。

[106]塞缪尔·亨廷顿:《文明的冲突与世界秩序的重建》,周琦等译,新华出版社 2010 年版。

[107]孟东方等:《中国发展学》,人民出版社 2021 年版。

[108]龚育之、逄先知、石仲泉:《毛泽东的读书生活》,三联书店 2009 年版。

[109]《与党员干部谈谈心:新时代弘扬好传统好作风》,人民出版社 2022 年版。

[110]《习近平在十九届中央纪委五次全会上发表重要讲话强调 充分发挥全面从严治党引领保障作用 确保"十四五"时期目标任务落到实处》,《人民日报》2021 年 1 月 23 日。

[111]《坚持从严治党落实管党治党责任 把作风建设要求融入党的制度建设》,《人民日报》2014 年 7 月 1 日。

[112]习近平:《在纪念邓小平同志诞辰 110 周年座谈会上的讲话》,《人民日报》2014 年 8 月 21 日。

[113]习近平:《在党的群众路线教育实践活动总结大会上的讲话》,《人民日报》2014 年 10 月 9 日。

[114]习近平:《在哲学社会科学工作座谈会上的讲话》,《人民日报》2016 年 5 月 19 日。

[115]《习近平在中共中央政治局第三十三次集体学习时强调 严肃党内政治生活净化党内政治生态 为全面从严治党打下重要政治基础》,《人民日报》2016 年 6 月 30 日。

[116]习近平:《在庆祝中国共产党成立 95 周年大会上的讲话》,《人民日报》2016 年 7 月 2 日。

[117]习近平:《在纪念朱德同志诞辰 130 周年座谈会上的讲话》,《人民日报》2016 年 11 月 30 日。

[118]《深入学习贯彻习近平同志"7·26"重要讲话精神　牢牢把握社会主义初级阶段这个大国情》,《人民日报》2017年8月31日。

[119]习近平:《决胜全面建成小康社会　夺取新时代中国特色社会主义伟大胜利——在中国共产党第十九次全国代表大会上的报告》,《人民日报》2017年10月28日。

[120]习近平:《在2018年春节团拜会上的讲话》,《人民日报》2018年2月15日。

[121]习近平:《在第十三届全国人民代表大会第一次会议上的讲话》,《人民日报》2018年3月21日。

[122]习近平:《在纪念马克思诞辰200周年大会上的讲话》,人民出版社2018年版。

[123]《中国共产党党内法规制度建设年度报告(2020)》,人民出版社2022年版。

[124]《习近平关于全面从严治党论述摘编(2021年版)》,中央文献出版社2021年版,第385—386页。

[125]《发扬斗争精神　坚定斗争意志——论学习贯彻习近平总书记在中青班开班式上重要讲话精神》,《人民日报》2019年9月4日。

[126]《加强政治建设提高政治能力坚守人民情怀　不断提高政治判断力政治领悟力政治执行力　中共中央总书记习近平主持会议并发表重要讲话》,《人民日报》2020年12月26日。

[127]《就当前经济形势和下半年工作　中共中央召开党外人士座谈会》,《人民日报》2020年7月31日。

[128]《习近平在党史学习教育动员大会上强调　学党史悟思想办实事开新局　以优异成绩迎接建党一百周年》,《人民日报》2021年2月21日。

[129]习近平:《在全国脱贫攻坚总结表彰大会上的讲话》,《人民日报》2021年2月26日。

[130]《习近平在中央党校(国家行政学院)中青年干部培训班开班上发表

重要讲话 立志做党光荣传统和优良作风的忠实传人 在新时代新征程中奋勇争先建功立业》,《人民日报》2021 年 3 月 2 日。

[131]习近平:《在庆祝中国共产党成立 100 周年大会上的讲话》,人民日报2021 年 7 月 2 日。

[132]《习近平在省部级主要领导干部学习贯彻党的十九届六中全会精神专题研讨班开班式上发表重要讲话强调 继续把党史总结学习教育宣传引向深入 更好把握和运用党的百年奋斗历史经验》,《人民日报》2022 年 1 月12 日。

[133]《习近平在中央党校(国家行政学院)中青年干部培训班开班式上发表重要讲话强调 筑牢理想信念根基树立践行正确政绩观 在新时代新征程上留下无悔的奋斗足迹》,《人民日报》2022 年 3 月 2 日。

[134]《中国共产党党内统计公报》,《人民日报》2023 年 7 月 1 日。

[135]《中国共产党党员队伍持续发展壮大》,《人民日报》2023 年 7 月1 日。

[136]《党在革命性锻造中更加坚强有力》,《人民日报》2022 年 7 月 1 日。

[137]《中共中央关于全面推进依法治国若干重大问题的决定(二○一四年十月二十三日中国共产党第十八届中央委员会第四次全体会议通过)》,《人民日报》2014 年 10 月 29 日。

[138]张洋、赵成:《坚定不移正风肃纪反腐》,《人民日报》2021 年 11 月8 日。

[139]赵乐际:《推动新时代纪检监察工作高质量发展 以优异成绩庆祝中国共产党成立 100 周年——在中国共产党第十九届中央纪律委员会第五次全体会议上的工作报告》,《人民日报》2021 年 3 月 16 日。

[140]王永昌:《继承发扬伟大建党精神》,《人民日报》2021 年 9 月 28 日。

[141]张洋、吴储岐:《反腐败斗争取得压倒性胜利并全面巩固》,《人民日报》2022 年 4 月 14 日。

[142]吴韵曦:《政党格局演变、左翼阵营内耗与欧洲社会民主党选举困

境——以英国、德国、法国为例》,《当代世界与社会主义》(双月刊)2021 年第 4 期。

[143]李凯旋:《意大利政党格局的重构:表现、原因及影响》,《当代世界与社会主义》(双月刊)2020 年第 2 期。

[144]习近平:《总结党的历史经验 加强党的政治建设》,《求是》2021 年第 16 期。

[145]刘先春、李亚:《政治信仰:政党治理现代化的精神内核》,《中共浙江省委党校学报》2017 年第 2 期。

[146]齐卫平:《新时代党的组织路线研究:政党组织化与组织路线化》,《江苏行政学院学报》2020 年第 6 期。

[147]祝福恩、张滨:《中国共产党百年组织体系建设的基本经验研究》,《理论探讨》2021 年第 3 期。

[148]段光鹏、王向明:《党的组织体系建设的百年演进、特点与经验》,《新疆社会科学》2021 年第 4 期。

[149]王炳林:《党的思想作风建设的理论思考》,《北京师范大学学报》(人文社会科学版),2002 年第 4 期。

[150]石艳红:《一刻不停推进反腐败斗争》,《中国纪检监察》2021 年第 7 期。

[151]王红卫、张光辉:《党的先进性、执政能力建设与执政合法性的实现路径》,《大连干部学刊》2006 年第 1 期。

后　记

　　保持党的纯洁性是中国共产党百年建设实践的重要内容,也是对新时代"建设什么样的长期执政的马克思主义政党、怎样建设长期执政的马克思主义政党"的时代课题的深刻回答。习近平在党的二十大报告中总结十年来党的建设历史性成就和历史性变革时强调:"经过不懈努力,党找到了自我革命这一跳出治乱兴衰历史周期率的第二个答案,自我净化、自我完善、自我革新、自我提高能力显著增强,管党治党宽松软状况得到根本扭转,风清气正的党内政治生态不断形成和发展,确保党永远不变质、不变色、不变味。"确保党不变质、不变色、不变味就是始终保持党的纯洁品质,永葆党的纯洁性。

　　党的十八大以来,以习近平同志为主要代表的中国共产党人围绕永葆党的纯洁性进行了扎实探索,形成了一系列新观点新理念新举措,对党的纯洁性的地位、功能、内涵和关键力量进行了一系列创造性阐发,提出了以党的政治建设为统领、坚持思想建党与理论强党相统一、以组织体系和人才队伍建设为重点、以党风廉政建设和反腐败斗争为突破口、将制度建设贯穿党的纯洁性建设全过程的实践内容,深化了对"建设什么样长期执政的马克思主义政党、怎样建设长期执政的马克思主义政党"的规律性认识,推动了中国共产党保持党的纯洁性理论与实践的新发展。为了促进全党全社会学习和领会中国共产党永葆纯洁性的历史逻辑、理论逻辑与实践逻辑,推动党的自我革命,保持党的生机活力,特此出版了《新时代永葆党的纯洁性研究》。

本书在写作和出版的过程中得到了诸多朋友的关心和支持。衷心感谢中国人民大学黄志军教授、中国矿业大学(北京)盖逸馨教授、北京交通大学郑士鹏教授、首都师范大学韩华教授、华北电力大学骆小平教授提供的指导和帮助。与此同时,中国矿业大学(北京)马克思主义学院研究生朱效董、黄荟、冯周粤、韩淑雅和李心洁也为本书付出了大量心血,在此,特别感谢她们的辛勤劳动和辛苦付出。同时也非常感谢济南出版社给予的大力支持,感谢责任编辑为本书的顺利出版提出的宝贵意见和付出的辛勤努力。

由于水平和时间有限,本书难免存在疏漏,敬请广大读者批评指正。

颜玫琳

2023 年 7 月　北京